斎藤一人 ひとり

天が味方する

引き寄せの法則

柴村恵美子
Shibamura Emiko

PHP研究所

いつも

上機嫌な人。

いいことがあれば
上機嫌になり
悪いことがあれば
不機嫌になる

中機嫌な人。

なぜかいつも
不機嫌な人。

あなたは
どのタイプですか？

いつも上機嫌な人でいるには
コツがあります。

大きな声で
「ありがとうございます！」
と言う。

天国言葉を使う。

※天国言葉とは……

●愛してます
●ついてる
●うれしい
●楽しい
●感謝してます
●しあわせ
●ありがとう
●ゆるします

他人の趣味を聞く。

相手をほめる。

ほめるところがなかったら（笑）

「いい感じですね」

と言う。

なんでもいいんです。
とにかくいつも
〝**楽しいこと**〟
を考えて行動することです。

いつも上機嫌で
楽しいことを
やっている人の周りには
人が集まってきます。

人が集まってくると
人間関係が
よくなり
お金が
集まってきます。

人間関係がよくなり
お金がたまると
人生が変わります。
さあ、人生を変える一歩を
踏みだしましょう!

学歴もお金も才能もない私が、大阪の一等地に億ションを買えたわけ

人間関係がとても良好な人やお金に困らない人、なにをやってもうまくいく人には共通した、ある特徴があります。

それは、**人も、お金も、運をも引き寄せるようなエネルギーに満ちあふれているということ**です。

ある人はそれを「オーラ」と呼びます。

ある人はそれが「気」なんだと言います。

こうしたある種の人を魅了し、お金を生み出すようなパワーを身につけ、さらにその方法を教わった弟子全員が大成功をおさめているという、すごい人物がいます。

それが私の師匠である、**斎藤一人**さんです。

学歴もお金も飛び抜けた才能もなにもない私は一人さんと出逢い、大阪の一等地に

建った億ションの最上階のペントハウスをポケットマネーで買えるほどの、お金持ちになることができました。

それだけではなく、会った人、会った人が「恵美子社長と会うと元気をもらえます」と言ってくれて、全国からわざわざ私に会いにきてくれるのです。

この本では、私が一人さんに教えてもらったことの中で、自分のエネルギーを上げられると実感したものを選りすぐってお届けしようと思います。

第1章では、自らエネルギーをつくり出す〝自家発電〟の方法をお伝えします。

第2章では、まわりからエネルギーをもらえる方法をお教えします。

第3章では、「なにかうまくいかないな」というときに、自分のエネルギーをチェックする方法を示します。

第4章では、エネルギーを活かすための体づくりについてふれます。

本書を通じて私が届けたエネルギーがあなたに伝わり、さらに多くの人に伝わってこの世界がしあわせなエネルギーに包まれることを願って止みません。

柴村恵美子

斎藤一人　天が味方する「引き寄せの法則」　目次

学歴もお金も才能もない私が、大阪の一等地に億ションを買えたわけ　16

第1章 エネルギーのある人が人もお金も引き寄せる

❶毎日を「楽しい気持ちで生きる」と決める　32
偉い人ほど、自分の機嫌は自分でとれ　34
❷成功している人、しあわせな人、運がいい人は「圧」が高い　37
ストレスをなくすより自分の圧を上げる方法を考えよ　40
羽生選手は「圧」が高かったから金メダルがとれた　41
❸本当の成功とは挑戦し続けること　44
成功者をまねると圧が上がる　47

大きい声を出すと圧が上がる　48

❹自分も相手もよろこぶ言葉を使う　52

圧を上げる8つの天国言葉　53

あなたの圧を下げる10の地獄言葉　54

❺天は正しい欲をもつ人に味方する　58

天は、自分のためになり、相手のためにもなる欲を助ける　59

❻いいエネルギーを〝自家発電〟する　62

自分の「楽しい」をとことん追求すること　63

❼行動することで人生は開ける　65

「やってみよう」と思ったことは、すぐに行動に移そう　66

❽自分の身近な人やモノを大切にする　68

人や神様がよろこぶようなことをすると、運はよくなる　70

❾与えることができる人が真に豊かな人　72

豊かになりたければ、覚悟を決めなさい　73

第2章
天も宇宙も味方するエネルギーのため方

⑩不機嫌な人に出くわしたときは、「修行が来たな」と考える 78
大変な修行のあとには大きなご褒美が待っている 81
天は、乗り越えられない試練は与えない 82

⑪物事がうまくいかないのは「それは間違っていますよ」というサイン 84
自分に起こったことをすべて「楽しい」に変える 86

⑫「他人の趣味を聞く」とエネルギーがアップする 88
その効果は3倍！「他人の趣味を聞く力」 90

⑬国も地域も使っているモノも命も全部「ほめる」 92
エネルギーがさらにアップする「3ほめ」の法則 94
「モノほめ」をすると、モノが最大限の能力を発揮する 96

どんな食べ物も「美味しいね」とほめよう 98

⑭ネガティブ感情をやめて相手の長所をほめる 100

相手をほめると自分もポジティブになれる 102

⑮「いい感じですね」は魔法の言葉 104

情けは人の為ならず、自分に返ってくる 106

⑯自分で自分の機嫌をとれる人がしあわせを引き寄せる 108

「エネルギーの奪い合い」から「エネルギーの与え合い」に変える 109

⑰「〝また〟会いたい」と思ってもらえる人を増やす 112

相手がよろこんでくれることをどんどん増やす 113

⑱「天が○をくれるか」で考えるとすべてがうまくいく 115

「三方よし」より「四方よし」 117

第3章

いつも上機嫌で楽しい人に変わる9つのポイント

⑲成功したから楽しいのではない。楽しいから成功する 120
笑うことで楽しくなるし、おもしろいことも起こる 122
⑳問題が起こったら楽しく解決する方法を考える 125
問題がないと人はなかなか変わらない 127
㉑「当たり前」に感謝する 129
あなたは感謝の量が多い人か、少ない人か 132
㉒天命に任せて人事を尽くす 134
わからないことをおびえるより、楽しむ自分をつくれ 136
㉓〝正しさ〟より〝楽しさ〟を優先する 138
楽しさを追求していくと、人生そのものが楽しくなる 140

㉔天は「〝自家発電〟できる人」を応援する　142
エネルギー泥棒は必ず報いを受ける　144
㉕「エネルギー泥棒」から自分の身を守る法　146
イヤな相手からやられたことは学びに変えなさい　148
㉖いらないモノ、使わないモノは捨てる　150
古いモノを捨てると、新しいモノがどんどん入ってくる　151
㉗〝笑顔〟と〝うなずき〟は愛される社員の最大の武器　154
威張っちゃいけない、なめられちゃいけない　155
社員にとって最も大切なのは「愛されること」　157
たった1人のこの想いが会社を変えた!　159

第4章

エネルギーあふれる体をつくる8つのカギ

㉘エネルギーが抜けない体をつくる　164
病気にもあった！「原因」と「結果」の法則　165
㉙若さの秘訣は「自分の実年齢を思い出さない」こと　168
年齢を「18歳」にしたら、私も若返った！　171
㉚体の〝冷え〟があなたのエネルギーを奪う　173
低体温は身体だけでなく、精神もむしばむ　175
㉛ちょっとした風邪は薬に頼らない　177
風邪は薬に頼らず、自然治癒に任せる　179
㉜食生活を体が温まるものに変える　182
加圧トレーニングで45分間のランニングが可能になった！　184

㉝難しいことにチャレンジし、うまくいく楽しみを味わう　188
難しいから楽しい　190
㉞笑顔を鍛える　193
鏡を見ながら1分間笑顔をつくる　195
㉟エネルギーが引き寄せた感動の物語　197
〝圧40連発〟のおかげでエネルギーが上がり、奇跡が起きた！　198
自分をいじめた人に感謝する　200
一人さんの言葉はエネルギーにあふれている　202
必ずどこかで挑戦している仲間がいる　203

特別付録

人の相談にのるときに知っておいてほしい話

斎藤一人

この世で〝なんとかできる〟のは自分のことだけ 208
人は〝悩んでる〟のではなく、〝学んでる〟 210
人の言うことを聞く人も聞かない人も神様は見守っている 211
言うことを聞かない人はその人の〝さだめ〟 212
一休さんが残したメッセージ 213
なぜ人生がうまくいかない人がいるのか？ 214
人の話を聞かない人への対処法 216
多少のストレスはあった方がいい 218
悩んでもうまくいかないときは悩むのをやめる 219
本当のことを言ってもめるなら、ウソをついた方がいい 221
神様が願っていることはたった1つ 222
神様はすべての人にしあわせになってほしい 224

1つのことをしてダメだったら、なんでもいいから変えてみる 226
成功の反対は失敗ではない。行動し、挑戦し続けよう 229

装丁：一瀬錠二(Art of NOISE)
本文イラスト：久保久男
出版プロデュース：竹下祐治

第1章

エネルギーのある人が人もお金も引き寄せる

01

毎日を「楽しい気持ちで生きる」と決める

あなたはいつもどんな機嫌で過ごしていますか?
いいことがあったら上機嫌、嫌なことがあったら不機嫌?
でも機嫌って、自分で決めるものなのですよね。

自分によいエネルギーが充実している状態、つまり、〝上の気〟が充満している状態を私たちは**「上気元《じょうきげん》」**と言っています。

人の機嫌には、不機嫌と中機嫌と上機嫌があります。

不機嫌な人には〝不機嫌な気〟が出ていて、さらに不機嫌になるようなことを引き寄せます。

中機嫌な人はいいことがあれば上機嫌になり、イヤなことがあれば不機嫌になります。いわば、普通の人です。だから、起こることも普通のことしか起こりません。

でも、いつも上機嫌な人には、なぜかいいことばかり起きます。

これは、**いつも機嫌がいいと〝上の気〟がいいことを引き寄せ、奇跡を起こす**からです。これが「上気元」の状態です。

上気元でいるためには、まず自分の機嫌は自分でとり、決して人に機嫌をとらせることなく、相手の機嫌にも左右されず、毎日を楽しい気持ちで生きると決めることが大切です。

私は一人さんと出会って40年になりますが、一度も一人さんの不機嫌な姿を見たことがありません。

そして、私は40年間一度も師匠である一人さんの機嫌をとったこともありません。それでも一人さんはいつも変わらず、上気元でやさしくてカッコよくて楽しいのです。

偉い人ほど、自分の機嫌は自分でとれ

偉くなると人に機嫌をとらせようとする人がいますが、「実るほど頭《こうべ》を垂るる稲穂かな」という言葉があるように、人は偉くなればなるほど人に機嫌をとらせず、自分で自分の機嫌をとるようにしなければなりません。

偉くなるということは、それだけ影響力が大きいということです。もし、そのような立場の人の機嫌が悪いと、影響力が大きい分だけ多くの人に悪影響を及ぼします。よく、自分の気分や感情に任せて部下を怒っている人がいますが、これは絶対にしてはいけないことです。

配慮の足りない社長や上司は、部下を怒ります。でも、よい社長や上司は間違いを教えることはあっても、怒ったりしません。ましてや自分のイライラをぶつけるよう

なことはしないものです。

自分自身に〝上の気〟が充満していると、感情に流されて怒ったりすることもなくなります。

なにが悪くてなにがいけなかったのか、冷静な判断をして教えてあげる、注意してあげる。これが必要です。

でも機嫌が悪いと自分の感情をコントロールできず、冷静な判断ができなくなります。自分は教えているつもりでも、いつしか自分の感情に任せて怒っているだけになってしまいます。

失敗した部下は自分の過《あやま》ちに落ち込んで、さらにそれに追い打ちをかけるように上司から叱られると、さらに負《ふ》の気がたまります。

こういうときの上司の役割は、間違っていることを正すことも大切ですが、それよりも正しい方向に自ら進めるように、エネルギーを与えることが必要なんです。

自分でエネルギーをコントロールし、引き寄せることができる人には、ゆとりが生まれます。ゆとりがあると、相手を思いやる気持ちも出てきます。

反対にエネルギーがないとゆとりもなくなり、人間関係もギクシャクしてしまいます。

だから、偉くなればなるほど自分の機嫌は自分でとって、つねに上気元でいることは義務といってても過言ではないのです。

天が味方する「引き寄せの法則」01

❶いつも上機嫌な人にはいいことばかり起こる
❷偉い人は、自分の機嫌は自分でとってつねに上気元でいること

02

成功している人、しあわせな人、運がいい人は「圧」が高い

自然界には物質に加わる「圧力」の高低差があります。
この「圧」の高い人にエネルギーは集まります。

元気な人、成功している人、しあわせな人、魅力的な人、モテる人、運がいい人には共通することがあります。

それは、**「圧」が高い**ことです。

気圧、電圧、血圧というように、この自然界には物質に加わる圧力の高低差があります。

そして私たち人間にも圧の高い人と低い人、また、圧の高いときと低いときがあります。一人さんいわく、「圧」とは、人が元気でイキイキと生き、成功するのに欠かせないもの。

圧が高いと自分の中のエネルギーも高まります。**そのエネルギーが外にあふれた結果、それが人の存在感や魅力になる**のです。

「あの人はすごくオーラがある」と感じるのも、その人の圧が高い証拠です。こういう人は、成功へ向かって外へぐんぐん押し出す力もあるのです。

自分の圧が高いと、外からの〝外圧〟に負けません。

深海に空気の入った鉄の玉を沈めるとつぶれます。

どれだけ性能の高い潜水艦でも、潜《もぐ》れる水深は決まっています。それ以上深く潜る

と水圧でつぶれてしまうからです。

しかし、深海にも生き物はいます。

これらの生き物がなぜ水圧につぶされることなく生きていけるかというと、外の水圧と自分の中の圧を同じにすることができるからです。

それと同じで、同じ環境にいても負けてしまう人がいるのは、自分の圧が低いからなんです。

たとえば、登校拒否になって家に引きこもってしまう子は、家での圧には耐えられるけれど、学校での圧に耐えられなかったのです。

学校を卒業して、働きだしてうつ病になる人は、学校の圧には耐えられたけれど、社会の圧に耐えられなかったのです。

仕事で役職がついて、責任も重くなってくると、それがストレスになって病気になる人がすごく増えています。これもやはり、その責任の重圧に自分が負けた証拠なのです。

ストレスをなくすより自分の圧を上げる方法を考えよ

「いじめは」は犯罪です。やってはいけないことです。

でも、子ども同士のケンカや争いをなくすことは難しいし、また子どもたちもそういうところから人間関係を学びます。

ストレスのない社会は理想です。

でも、大きな仕事をしようと思えば必ず責任は伴うし、そこから必ずストレスは生じます。その重圧に耐えられる人に、会社はお金を払うのです。

だから、どんな社会でもストレスをなくすことはできません。

ストレスから逃れたりなくすことを考えるよりも、その**外からの圧に負けないよう**

に、自分の圧を上げればいいのです。

なにもたくさん上げる必要はありません。

外からの圧が10だとしたら、自分の圧を11に上げればいいんです。1上回っただけでもう、外の圧に負けていないんです。

羽生選手は「圧」が高かったから金メダルがとれた

スポーツの世界大会で優秀な成績を上げていた人が、オリンピックの舞台で実力を発揮できずに終わってしまうことがあります。

このことから「オリンピックには魔物が棲《す》んでいる」といわれていますが、その理由を私はこう考えます。

世界大会は個人同士の競争ですが、オリンピックとなると、国の威信をかけた戦いになります。

それだけプレッシャーも大きくなり、選手がその外圧に負けてしまうこともあります。

さらに、自国の選手を応援するだけではなく、対戦国の選手に「失敗しろ！」とか、負の気が送られてしまうことも多いのです。

こうした中で結果を残していくためには、まず選手が**プレッシャーに負けないように自分の圧を上げていく必要があります**。

それとやはり、「楽しい」という気持ちが大切です。

ソチオリンピックで日本に唯一の金メダルをもたらしたフィギュアスケートの羽生結弦選手は、ショートプログラムを滑る前にニコッと微笑み、「楽しむぞ！」と自分に言い聞かせたそうです。

笑顔は自分の気持ちを持ち上げるだけではなく、まわりの観客のエネルギーさえも、引き寄せて味方につける力があります。

その結果、史上初の100点台をマークしました。

羽生選手にはもう1つ、圧が上がった要因があると思います。それは彼が、東日本大震災の被災地である仙台の出身だということです。

被災地の人たちのためになにかをしたい。こうした、「だれかのために」という想いが、羽生選手を後押しする力になったのだと私は思います。

天が味方する「引き寄せの法則」

02

❶「圧」が高い人にエネルギーは集まる
❷ストレスはなくならない。「圧」を上げる努力をすること
❸「楽しむ気持ち」をもてば「圧」は上がる

03

本当の成功とは挑戦し続けること

「圧の大切さはわかったけれど、高めるにはどうしたらいいの？」

では、簡単な方法をいくつかご紹介します。

まずはやってみること。挑戦し、挑戦を続けることが大切ですよ。

川に流れている水が腐ることはありません。

でも、川の水をバケツに汲んできて、そのまま放置していると、その水は腐ってしまいます。

ではなぜ川の水が腐らないかというと、川には圧があり、圧のあるところに生命エネルギーが流れているからです。

この宇宙には生命エネルギーがあふれています。

そして、川や海、山などの自然だけではなく、人間や動物、植物など、圧のあるところに生命エネルギーは流れ込んでいきます。

圧のあるものや圧のあるところの特徴は、**勢いよく動いていること、外へ向かって、グングンと押し出そうとしていること、成長しようとしていること**です。

だから私たちがなにか目標を決めて挑戦しようとするとき、そこには圧が生まれます。

私たち人間だけに限らず、すべての命あるものが成長しようとするとき、その圧は高まるのです。

逆に成長をやめたとき、圧は下がります。

食べ物が腐るのも圧が下がるからです。

同じ菌による作用でも、圧がある場合はチーズやヨーグルト、納豆のように「発酵」しますし、圧が下がるとそれは「腐敗」につながっていくのです。

食べ物の圧が高いときは美味しく、圧が下がると腐ってまずくなるのと同様に、人は圧が高いときは楽しく、圧が下がると楽しくなくなってきます。

さらにいえば、その楽しさも自分だけが楽しいのではなく、相手も楽しくて、まわりも楽しくて、さらに世間も楽しくなるようなことであれば、その量に見合ってエネルギーは高まっていくのです。

ただ、いきなり圧を高めようとしても最初はなかなかうまくいかないかもしれません。

だからまずは、**なにか1つでも、小さなことでもいいから挑戦する**のです。昨日はできなかったことが1つでもできるようになれば、それは立派な成長です。

そうした挑戦をやめないことが成長への一番の道なのです。

本当の成功者は、自分が成功したとは思っていません。それは成功という結果が得たいからではなく、成長する過程が楽しいから挑戦し続けているのです。

つまり、本当の成功とは成長し続けることをいうのかもしれません。

成功者をまねると圧が上がる

圧を高める方法として私がオススメしているのは、**自分が憧れる成功者の行動や言動をまねる**ことです。

そのためにはその人の考え方を学び、共感と共鳴することが大事です。

たとえば、自分に起こったある問題を、「あの人ならどうするだろう」と考えてみるのです。いわば、頭のソフトを「今までの自分バージョン」から「憧れの成功者バージョン」にバージョンアップするのです。

そうすれば、今まで得られなかったような答えが得られるようになります。

さらに手っ取り早く、圧を上げる方法を教えちゃいます。

それは、**自分の憧れの成功者の話をだれかにすること**です。

私は師匠である一人さんの話をだれかにしているときが一番しあわせですし、圧が上がります。

一人さんファンが集まる勉強会や集まりを見ていても、そこにいる人が大好きな一人さんの話をするときの目の輝きやうれしそうな表情を見ているだけで、どれだけ圧が上がっているかがわかります。

一人さんの話をしているだけでいい波動が自分にうつります。

また、一人さんの話をすることは「一人さん脳」になるということです。つまり、成功している人と同じ考え方ができるのです。

だからどんどんエネルギーも上がり、自分の言葉の輝きも増してくるのです。

大きい声を出すと圧が上がる

剣道や柔道、空手などの対戦のとき、自分に気合いを入れるため、そして相手を威圧するために大きな声を出します。

また、スポーツの団体競技でも試合前や途中で円陣などを組んで、全員で大きな声を出したりします。

大きな声を出すことで自分の殻を壊すことができます。「自分にはできない」とい

う観念の壁をぶち破るのです。

さらにいえば、大きな声を出すことで圧が上がり、そこに大宇宙のエネルギーが満たされて、それまでの「自分にはできない」という弱気が入り込めないくらい、「自分はできる」という気力で満たされるのです。

実際、「銀座まるかん」の特約店をしている方で月の売上が100万円にも満たなかった人がこの方法で圧を上げて、月間売上1000万円を達成し、さらにはそのコツがわかったこの方は2000万円、3000万円と売上を達成しています。

そこで以下に、あなたの圧をカンタンに上げる魔法の言葉を紹介します。

朝起きたときや、気分が落ち込みそうなときも、この言葉を言うだけで、明るく前向きな気持ちになれます。

できるだけ大きな声で言ってみてください。それだけであなたの圧が上がり、みるみる元気がわいてきます。

人がまわりにいて大きな声が出せないときのために携帯電話などに録音しておいて、圧を上げたいときに聞いても効果がありますよ。

【「アッ（圧）」を、ハリのある声で20回言います】

アッ！　アッ！　アッ！　アッ！　アッ！　アッ！　アッ！　アッ！　アッ！
アッ！　アッ！　アッ！　アッ！　アッ！　アッ！　アッ！　アッ！　アッ！
アッ！　アッ！

【「おはようございます」を、10回言います】

（朝、会社に行ったときに、みんなに、笑顔であいさつしているところをイメージして）

おはようございます！　おはようございます！　おはようございます！
おはようございます！　おはようございます！　おはようございます！
おはようございます！　おはようございます！　おはようございます！
おはようございます！

【「がんばります」を、10回言います】

（上司に叱られたときに、「今度はがんばります！」と力強く答えているところをイメージして）

がんばります！　がんばります！　がんばります！　がんばります！
がんばります！　がんばります！　がんばります！　がんばります！
がんばります！　がんばります！

天が味方する「引き寄せの法則」03

❶本当の成功とは成長を続けること
❷圧を高めるには成功者をまねる
❸大きな声を出せば「圧」は上がる

04

自分も相手もよろこぶ言葉を使う

あなたが普段口にする言葉は、どんな内容ですか?

「ついグチばかり言っちゃう」「人の悪口が大好き」

気をつけて。その言葉で「圧」を下げてしまっているかも……。

私たちが普段、何気なく使っている言葉にも「圧が上がる言葉」と「圧が下がる言葉」があります。

「圧が上がる言葉」を使うと自分の圧も上がりますし、相手の圧も上がります。

その代表的な言葉が「天国言葉」です。

圧を上げる8つの天国言葉

愛してます
ついてる
うれしい
楽しい
感謝してます
しあわせ
ありがとう

ゆるします

その反対に、自分の圧も下げ、相手の圧も下げてしまうのが「地獄言葉」です。

あなたの圧を下げる10の地獄言葉

恐れている
ついてない
不平・不満
グチ・泣きごと
悪口・文句
心配ごと
ゆるせない

「天国言葉」を使うと自分自身の圧が上がり、「地獄言葉」を使うとどれだけ自分の圧が下がるかを試す方法があります。

「O《オー》－リングテスト」という方法です。

まず、利《き》き手の人差し指と親指の先をつけて輪をつくり、指を「オッケー」の形にします。

そして、「ツイてる、ツイてる、ツイてる……」と声に出して言いながら、指にグッと力を入れて、2本の指が離れないようにします。

それと同時に、だれかにその人差し指と親指をそれぞれ両手でもって、力一杯、引き離してもらいます。

今度はそれと同じことを、「ツイてない、

ツイてない、ツイてない……」と言いながら試してみてください。

いかがでしょうか？

「ツイてる」と言っているときには体にグッと力が入って指が引き離されないのに対し、「ツイてない」と言っているときには思ったように体に力が入らず、カンタンに指が引き離されてしまうのがわかっていただけると思います。

この「O－リングテスト」は医療の現場でも診断法として使われています。

もう片方の手に有害な薬や食物、アレルギーなどでその患者に合わないものなどを置いて「O－リングテスト」をすると、カンタンに指が開いてしまうのです。

このように、普段、私たちが何気なく使っている言葉で圧が上がったり、下がったりします。

どうせなら「天国言葉」のように、**相手がよろこび、自分もよろこぶ言葉を使って、自分の圧を上げていきましょう。**

天が味方する「引き寄せの法則」

04

❶8つの「天国言葉」を使って圧を上げる
❷「天国言葉」を使うと、自分だけでなく相手もよろこぶ

05

天は正しい欲をもつ人に味方する

欲張りな人って、どんな人でしょう。
図々しい人？　ケチな人？　自己中心的な人？
でも欲にも「いい欲」と「悪い欲」があるんです。

よく、「欲張っちゃいけないよ」とか、欲をもつことは悪いことのようにいわれますが、そうではありません。

仏教の教えでも「無欲」であることを説いていますが、その仏教の開祖であるお釈迦様も欲をもっていました。それは、**「多くの人を救いたい」という欲**です。

欲は人を動かすエネルギーになります。その欲にも「いい欲」と「悪い欲」があります。

「いい欲」とは自分のためになり、相手のためにもなる欲です。**より多くの人のためになる欲は「大欲」**と呼ばれます。

それに対して「悪い欲」とは**「自分さえよければ」**というものです。いわば「我欲」です。

天は、自分のためになり、相手のためにもなる欲を助ける

私たちは自分の欲というエネルギーを自分のためにも、他人《ひと》のためにもよくなるように使わないといけません。

そのための指針となるのが「大我《たいが》と小我《しょうが》」です。

大我とは**自分のためになり、相手のためにもなること**です。自分も楽しく、他人にもよろこばれます。さらには、**世の中のすべての人たちが豊かでしあわせになることを願う。これが大我**です。

これに対して小我とは、**ワガママで自分勝手、利己的で自分のことをつねに優先する考え**です。

それと、「私はいいからあなたがしあわせになって」という自己犠牲の考え方も、これは一見、大我に見えますが小我です。

大我という指針をもって歩きだしたとき、人は成功の道にいます。

それが小我という脇道に入ると、道に迷ってしまうのです。

なにかで悩んだとき、この悩みは「小我だろうか、大我だろうか」と自分に問いかけます。

そして、その答えが小我だったとき、「この悩みを大我で考えるとどうなるだろうか」と考えてみます。そうすれば必ずその悩みは解消されます。

またなにか問題が起こったとき、「この問題を大我で解決するとすれば、どんな方法があるだろうか」と考えます。

そうすると、不思議とアイデアが浮かんできますし、解決策も出てきます。

大我をもって行動するとき、まわりの人が助けてくれますし、天も味方してくれるのです。

だから、なにか困難なことや壁にぶつかったらつねに大我で考えるクセをつけましょう。

そうすれば、人智を超えた解決策が必ずあなたに与えられます。

天が味方する「引き寄せの法則」05

❶「いい欲」は自分のためにも相手のためにもなる欲。「悪い欲」は「自分さえよければ」という欲

❷壁にぶつかったら「大我」で考える

06

いいエネルギーを〝自家発電〟する

エネルギーは、発電しなければやがてなくなってしまいます。
ではどうやって発電すればいいのでしょう。
その方法は……意外なほど簡単なんです。

「まえがき」にも書きましたが、しあわせな人、成功している人はいいエネルギーに満ちあふれています。

いつでも自分自身がいいエネルギーに満ちあふれているから、そのエネルギーをだれかに分け与えることもできます。

また、「類は友を呼ぶ」のことわざ通り、いいエネルギーを発している人のもとにはいい人が集まり、いいことも引き寄せるのです。

このように、いつもいいエネルギーに満ちあふれている人は、そのエネルギーを〝自家発電〟する術《すべ》を知っています。それは〝**楽しさ**〟です。

楽しいことをしているときは疲れません。

スポーツ選手は厳しいトレーニングに耐えて大変そうに見えますが、本人は楽しいからできるんです。

自分の「楽しい」をとことん追求すること

一人さんの頭の中は〝楽しさ〟でいっぱいです。

いつもとにかく〝楽しい〟ことを考えています。

だからいつも一人さんと会うと楽しくなりますし、だからまた、会いたくなるのです。それが一人さんの魅力です。

しあわせを分析してみると、結局は楽しさなんだということがわかります。

成功も、楽しさを追求していった結果、それが成功につながるのだと思います。

だから、**まずは自分の楽しいことを追求してみる。**さらに、**自分も楽しくて、相手も楽しいことを追い求める。**

そうやって、自分で楽しくエネルギーを〝自家発電〟しながら進んだ道の先には必ず、しあわせや成功が待っているのです。

天が味方する「引き寄せの法則」06

❶いいエネルギーに満ちあふれている人に、人は集まる

❷成功は楽しさを追求していった先にある

07

行動することで人生は開ける

今この本を読んでいるあなたは、知識を得るのが好きですよね。
では行動するのはいかがですか？　こちらも好きになってください。
なぜなら「行動すること」で人生は変わるからです。

楽しいことは大切ですが、「楽しい」ことと「楽をする」ことは違います。

「楽をする」ということは、「なにもしない」ということです。

なにもしないでエネルギーを得ようとすると、それはだれかからエネルギーをもらうか奪うしかありません。

それよりも、行動すると必ず結果が伴います。その行動が「自分が楽しい」ことであれば自分にエネルギーがわきますし、「相手が楽しい」ことなら相手にもエネルギーがわきます。行動すれば必ずなにかが生まれるのです。

「やってみよう」と思ったことは、すぐに行動に移そう

一人さんはよく「この地球という星は行動の星なんだよ」と言います。

つまり、行動してみて初めて、それが正しいかどうかがわかるのです。

たとえばこの本も読んだだけであなたのエネルギーを高めることはできません。

この本の中で1つでも「そうだ！」と感じたことや、「自分にもできる」と思ったことを行動に移したとき、その結果があなたの学びとなりエネルギーとなるのです。

知識も使わなければただの「宝の持ち腐れ」です。行動することで価値が生まれ、知恵に変わるのです。

エネルギーが不足すると、どうしても行動が鈍ります。だからといって、だれかがエネルギーを補充してくれるのを待っていてはいけません。

まずは**一歩、行動に移してみる**のです。

それはカンタンなことでかまいません。体を動かすとか、軽い運動を始めるとか、とにかく自分のできることをするのです。

そうすれば、必ず行動した分の結果は伴います。

天が味方する「引き寄せの法則」07

❶自分が「楽しい」ことをしよう

❷行動すると結果が生まれ、エネルギーになる

08

自分の身近な人やモノを大切にする

あなたの運勢を今よりよくする方法があります。
もちろん、アヤシイ占いを信じろと言っているわけではありません。
確実で今すぐ始められる、とっておきの方法をお教えしましょう。

エネルギーが高まると、自然と運勢もよくなります。

運勢とは、「運」に「勢い」と書きます。だから、運勢がいいということは、「運に勢いがある」ということです。

圧が高いところにエネルギーが流れ込むように、運も圧の高いところに流れていくんです。

よく、運勢をよくするために神頼みしたり、開運グッズに頼る人がいます。

それを悪いことだとは思いませんが、冷静によく考えてみてください。

「運勢をよくしてください」と頼むということは、**「今の私は運勢がよくないんです」ということを認めていること**になります。

だからそういう人は、自分でも圧が下がっている、エネルギーが少ないと感じているはずです。

圧が下がっているのに運勢だけをよくすることはできません。だから大切なのはやはり、**運勢をよくするためにも圧を上げ、自分のエネルギーを高めていくこと**なんです。

人や神様がよろこぶようなことをすると、運はよくなる

そして「逆もまた真なり」で、運をよくすることで圧も上がり、エネルギーも高まります。

では、どうすれば運がよくなるかというと、運とは「運ばれてくるもの」です。だれが運んでくるかというと、人であったり、神様であったりします。

ということは、**人や神様がよろこぶようなことをすれば、運はよくなる**のです。

それと、大切にすると運勢がよくなります。

恋愛運を上げたければ、まず、まわりの人間関係を大切にします。そうすれば、必ずよい縁に恵まれます。

仕事運をよくしたければ、まずは目の前の仕事を大切にし、最善を尽くします。するとさらなる大きな仕事が運ばれてきます。

金運をよくしたければ、お金を大切にすればいいのです。

よく、「私はお金を大切にしています」と言いながら、貯金ばかりする人や、逆に

貯金もせずに、あればある分だけお金を使ってしまう人がいます。これではお金を大切にしていることにはなりません。

それともう1つ、お金も人が運んでくるものです。だから、**人を大切にしないと金運にも恵まれません。**

まずは自分の身近な人やモノを大切にしてみてください。そうすれば、必ず運気は上がります。

天が味方する「引き寄せの法則」08

❶圧を上げ、エネルギーを高めると運気は上がる

❷人間関係やモノを大切にすると運気は上がる

09

与えることができる人が真に豊かな人

「豊かになりたい」と願う人は少なくありません。
ところで「豊か」って、一体どういう状態なのでしょう?
「豊かになる」って、どういうことなのでしょう?

聖書には「与えなさい。そうすれば、あなた方にも与えられます」という言葉があります。

人に与えることのできる豊かさが、さらにその人を豊かにするのです。その豊かさは金銭的な豊かさや物質的な豊かさだけではありません。まずは**心が豊かでないと、与えることはできない**のです。

また聖書には「持っている者はさらに与えられて豊かになり、持たない者は持っているものまでも取り上げられてしまう」という言葉もあります。

与えられることを願うよりもまず、自分が与えることのできる人になりましょう。

これこそが、真の豊かさなのです。

豊かになりたければ、覚悟を決めなさい

豊かになるためには覚悟が必要です。

とはいっても、そんなに大げさなものではありません。

まず、自分で「豊かになる」と決めるのです。

そして、なにがあっても自分の機嫌は自分でとり、相手に機嫌をとらせない。

それと、**今の状況をなにも変えず、今の状況のままでしあわせになる**のです。

就職ができたらとか、恋人ができたらとか、お金が入ったらといった条件はつけずに、今の状況のままでも自分は十分、豊かなんだということを知ってください。

その昔、お釈迦様は弟子が托鉢《たくはつ》にまわるときに貧しい家を優先的にまわりなさいと言いました。

豊かな家の方がたくさん与えることができるのではと、疑問に思った弟子がその理由を聞くと、お釈迦様はこう説明しました。

「貧しい人は与えられることばかりを考える。それではいつまでたっても貧しいままだ。それよりも、たとえスプーン1杯の粥だけでも、自分にも与えることができると知ったとき、その人は豊かになれるんだ」

今のあなたにも、エネルギーは十分あるのです。それを人に与えられることを知ったとき、あなたはさらに豊かになれるのです。

天が味方する「引き寄せの法則」09

❶人に与えることができる人になれ

❷自分が何かを与えることができることを知れば、真の豊かさがやってくる

第2章

天も宇宙も味方する エネルギーのため方

10

不機嫌な人に出くわしたときは、「修行が来たな」と考える

あなたがどんなに上機嫌でいようとしても、
不機嫌な相手と遭遇してしまうことがあります。
そんな相手に負けないための心構えと方法をお教えします。

自分にエネルギーを満たしたいなら、まず相手にエネルギーを与えることが大切です。

こう言うと、「相手にエネルギーを与えてしまったら、自分のエネルギーがなくなってしまうのでは?」と思うかもしれません。

でもこの世の中は必ず、与えたものは返ってくるのです。

童謡詩人の金子みすゞさんの作品で、ACジャパンのCMにも使われ有名になった「こだまでしょうか」という詩があります。

こだまでしょうか

「遊ぼう」っていうと
「遊ぼう」っていう。
「馬鹿」っていうと
「馬鹿」っていう。
「もう遊ばない」っていうと

「もう遊ばない」っていう。
そして、あとで
さみしくなって、
「ごめんね」っていうと
「ごめんね」っていう。
こだまでしょうか、
いいえ、誰でも。

『金子みすゞ　名詩集』彩図社刊より

相手の行動に不満をもつ前に、まず自分の行動を変えてみる。そうすれば、必ずその結果も変わってきます。

ひまわりの種を蒔《ま》いたらひまわりの花が咲きます。これが「原因と結果の法則」です。

だから、あなたが相手に与えたエネルギーは必ずあなたのもとに返ってきます。それはよいエネルギーも、悪いエネルギーも同じです。

直接相手から返ってこなくても、まわりまわって必ずあなたのもとに返ってきます。それがこの世の〝真理《しんり》〟なのです。

大変な修行のあとには大きなご褒美が待っている

相手にエネルギーを与えると思うと、なにか自分が損をする気分になるかもしれません。

たとえば、お店にごはんを食べに行ったとき、そこの店員さんが無愛想だったり、不機嫌だったとします。

「向こうは商売なんだし、こちらはお金を払う客なんだから、店員がこちらに気を遣うべきだ。こちらが店員に気を遣う必要も義務もまったくない。それどころか、イヤな気分にさせられた分、お金を返せと言いたい！」

そう思うのは当然かもしれません。

でも一人さんは、こう言います。

「向こうは向こうの都合で機嫌が悪いんだよ。だからといって、こちらまでそれに合わせて機嫌が悪くなる必要はないの。だからこういうときは、こちらはこちらの都合で機嫌よくしていればいいんだよね」

どんなに美味しい食事でも、不機嫌に食べると美味しくありませんし、身体にもよくありません。なにを食べるにしても、楽しく食べるに越したことはないのです。

だから私はどんなときでも楽しく感謝して、食事はいただくようにしています。

そして、そんな大切な食事の席だからこそ、私は自分だけではなく、一緒に食べる人も、お店の人もしあわせな気分で過ごしてもらいたいと思うのです。

天は、乗り越えられない試練は与えない

それでもなかなか手強く（笑）不機嫌な人に出くわすこともあります。そういうとき、私は**「ああ、修行が来たな」**と思うようにしています。

相手のためだと思うと、「どうしてあんな人のために……」と思ってしまうかもしれませんが、自分のためだと思えば苦にもなりません。

それと、これは私の経験上でいえることなのですが、**「大変な修行を乗り越えたあ**

とには必ず、大きなご褒美がある」ということです。

だから私は、大きな問題や困難な出来事に出くわすと、「この問題を乗り越えたら、どんなご褒美が待っているんだろう」と思ってワクワクします。

天はあなたに、乗り越えられない試練は与えません。そして天はその試練を乗り越えたとき、あなたの本当の望みを叶えてくれるのです。

天が味方する「引き寄せの法則」10

❶あなたが人に与えたエネルギーは必ず戻ってくる
❷相手の機嫌に左右されない自分をつくる
❸修行を乗り越えたあとで天はあなたの本当の望みを叶える

11

物事がうまくいかないのは「それは間違っていますよ」というサイン

あなたは努力家ですか？　努力を楽しんでいますか？
もし、「つらくて苦しくてちっとも楽しくない」と思うなら、
もしかしたらその努力は、やらなくてもいいものかもしれませんよ。

人生は修行です。

でもその修行って、必ずしもつらく、苦しいものばかりではありません。

「人生は修行だよ」と言うと、「やっぱり苦労したり、つらいことに耐えないとしあわせにはなれないし、成功もしないのか」と思うかもしれませんが、そうではないのです。

自動車・オートバイの世界的メーカー、「本田技研工業」を創業した本田宗一郎さんも、最初は大変な苦労をしてオートバイをつくったといわれていますが、本田さん自身はそれを苦労とか、大変なことだとは思っていませんでした。夢を追いかけることが楽しくてしょうがなかったのです。

その昔、お釈迦様は難行・苦行に耐えて、悟りの境地を得ました。でもお釈迦様自身が「難行・苦行は無駄である」と言ったそうです。

今でも難行・苦行に耐えて悟りを得ようとがんばっている人がいますが、滝に打たれたり、断食をしたりすることだけが修行ではありません。

自分に起こった出来事を解決していくのが最大の修行なのです。

自分に起こったことをすべて「楽しい」に変える

一人さんは「これからの時代に大切なのは、『楽行』だよ」と言います。

たしかに一人さんが今まで私たちに教えてくれた修行は、どれも楽しいものばかりでした。苦しいこと、つらいことを我慢してやったことは一度もありません。

そもそも、**苦労や困難、そして物事がうまくいかないのは、「それは間違っていますよ」というサイン**なのです。

苦労のあとには苦労の道が続いています。我慢の先には恨みが待っています。だから、苦労や我慢をしなければならないことが続いたときにはふと足を止めて、なにか間違いがないかを考える必要があります。

真の成功に向かう道を歩んでいるときは、ワクワクして楽しいものです。それがつらくて苦しいんだとしたら、必ずなにかが間違っている証拠です。

もちろん、どんなことでも努力は必要です。

たとえばサッカーでも、うまくなろうと思ったら練習しなければなりません。でも練習してうまくなったら、サッカーがもっと楽しくなるはずです。

もし練習がつらくて苦しいんだとしたら、あなたはサッカーに向いていないのかもしれません。だから、サッカー以外に楽しいことを探してがんばればいいのです。

それにつらい練習も、「これをがんばればもっとサッカーがうまくなれる」と思えば楽しくなります。

それと同じで、**自分に起こった出来事をすべて、「楽しい」に変える習慣をつけましょう。**

それでも、どうしても「楽しい」に変えられないとしたら、それは向いていないか、間違いですから、いつでもやめていいんですよ。


天が味方する「引き寄せの法則」11

❶「人生は修行」だが、難行・苦行は必要ない
❷自分に起こった出来事をすべて、「楽しい」に変える

12

「他人の趣味を聞く」とエネルギーがアップする

人は、好きなことを話していると楽しくなります。
楽しいことを話している人にはエネルギーが集まります。
さあ、相手に楽しいことを話してもらいましょう。

自分の「楽しい」を追求していく中で、実は最近、私が趣味にしていることがあります。それは、**「他人《ひと》の趣味を聞くこと」**です。

「他人の趣味を聞くこと」が趣味っていうとヘンですが（笑）、でもこれほどカンタンに相手のエネルギーを上げる方法はありません。

たとえば、「あなたの趣味はなんですか？」とか、「あなたが最近、興味のあることを教えてください」と聞きます。

するとある人は釣りの話を聞かせてくれたり、マラソンの話を聞かせてくれたりします。

人によって趣味や関心事は異なりますが、共通しているのは、話している人がとても楽しそうに話してくれるということです。

趣味や興味のあることは、その人が好きだからやっていることです。だから、その話をしていると自然と楽しくなります。

人が楽しそうに話していると、その楽しいエネルギーは相手にも伝わります。だから**話している方も楽しくて元気になりますが、聞いている方も元気になるんです。**

その効果は3倍！「他人の趣味を聞く力」

他人の趣味を聞くことの効果は、これだけではありません。

自分の知らないことを知ることもできますし、聞いているうちに自分も楽しくなってきて「やってみよう！」と思うかもしれません。そうすれば、自分の世界も広がります。

それに自分の話を聞いてもらえると、人はすごくうれしいものです。だから聞いてくれた相手への好感度が上がります。

さらにその人が普段見せないような一面をかいま見ることにもつながるので、相手をさらに深く理解することができます。

このように、**「他人の趣味を聞く」ことは、相手からエネルギーをもらえるだけではなく、知識も深まり、人間関係も深まります**。

まさに一石二鳥、三鳥以上の効果があるのです。

あなたもぜひ、試してみてください。きっと、楽しくなりますよ。

天が味方する「引き寄せの法則」12

❶人が楽しそうに話すのを聞くと、自分も元気になる

❷趣味を聞くと、エネルギーが上がり、知識も深まり、人間関係もよくなる

13

国も地域も使っているモノも命も全部「ほめる」

「人をほめるときは、わざとらしくならないようにさりげなく」……もいいのですが、もっと上手なほめ方があります。

それを、お教えしましょう。

相手のエネルギーを高めてあげると、そのエネルギーは必ず自分のもとに返ってきます。そのために一番効果的な方法が、**相手を〝ほめる〟こと**です。

ほめられてうれしくない人はいません。

たとえば買い物に行った先で店員さんに、「お若いですね」とか「おキレイですね」「カッコいいですね」と言われて、それがお世辞とはわかっていてもやはりうれしいものです。

人をほめるときは**「歯の浮くセリフ」どころか、「歯が抜けるぐらいの勢い」（笑）で言った方が、相手はよろこんでくれます。**

なぜかというと、人は他人を見るときはどうしても批判的になります。だから、実際よりも2割ぐらいは厳しい評価になってしまいます。

逆に自分のことは実際よりも2割ぐらい甘めに評価します。だから相手のことは、4割ぐらい増して初めてちょうどいいぐらいの評価になるんです。

エネルギーがさらにアップする「3ほめ」の法則

ほめるのは目の前にいる人だけではありません。私はつねに、「3ほめ」を意識しています。

まず1つ目は**「国ほめ」**。

「国ほめ」とは、自分の住んでいるところに感謝し、ほめるということです。

私たちは日本に住んでいますから、まずは日本のいいところをほめます。

「日本は平和で治安もよく、いい国だな」とか、「四季折々の楽しみがあって、ステキな国だな」など、自分の思いつくままに、声に出して言ってみてください。

まわりにだれかいるときは、心の中でささやくだけでもいいですよ。

次に、自分の住んでいる都道府県をほめましょう。

「北海道は食べ物が美味しい」「東京は便利だ」「大阪は人情に厚い」「沖縄は暖かい」など、自分の出身地や住んでいるところをほめます。

さらに**相手の出身地や住んでいるところをほめると、一石二鳥の効果が生まれま**

す。

相手がよろこんでくれるだけではなく、相手からさらに詳しいことが聞けて、その地を訪れることが楽しみになります。

そして、**自分が住んでいる町や場所もほめましょう**。

「もっと静かなところに住みたい」とか、「もっと便利なところに住みたい」という希望や要望はあると思います。

でも、自分が毎日生活をさせていただく場所に不平・不満を言っていては、悪いエネルギーがたまるだけです。

それよりも、いいところを見つけてほめる。すると、その場のエネルギーがよくなって、いいことが起こり始めます。

そうやって自分のいるところをほめられる人は、また違ういいところからも呼ばれることになるんです。

「モノほめ」をすると、モノが最大限の能力を発揮する

次は**「モノほめ」です。**

今、私たちの身のまわりには便利なモノがあふれています。

パソコンがあるおかげで仕事がすごく楽になり、知識の幅も広がります。最近の携帯電話はさらに進歩して、離れた人の声が聞けるだけではなく、映像も見れるようになりました。

エアコンがあるから夏は涼しく、冬は暖かく過ごすことができます。全自動の洗濯機のおかげで洗濯もカンタンにできます。

字を書くのでも、昔はいちいち墨をすっていましたが、今ではボールペンなどで気軽に書くことができます。

こうした便利なモノは、ほんの数十年前にはなかったものばかりです。

「昔ならあるはずがないモノ、こんなに便利なモノ」に感謝しだすと、今の自分がどれだけ恵まれているかに気がつきます。

そして、モノをほめて、感謝して使っていると、そのモノにもエネルギーが宿ります。

カミソリなら「いつもよく切れて偉いね」とほめながら使うと、普通の3倍ぐらい長持ちします。

車なら「よく走って偉いね」とほめていると故障も少なく、快適なドライブをすることができます。

メジャーリーグで活躍しているイチロー選手は、バットやグローブなどの道具をすごく大切にしています。

その日の試合が終わったら人任せにせず、必ず自分の手で道具の手入れをするそうです。

「モノほめ」をしだすとモノの大切さがわかるだけではなく、**そのモノも活かされ、最大限の力を発揮してくれるようになるんです。**

どんな食べ物も「美味しいね」とほめよう

そして最後は**「命ほめ」**。

命あるものすべてに感謝する。それが「命ほめ」です。

命は「みこと」とも読みます。日本神話に出てくる「須佐之男命《すさのおのみこと》」や「大国主命《おおくにぬしのみこと》」の「命《みこと》」とは、「神」という意味です。つまり、**命あるものはすべて神**なのです。

私たちが食べているものもすべて命です。他の動物や植物の命をいただいて生きています。

米粒も一つひとつが命です。茶碗1杯のごはんにはつくってくれた農家の方の努力がつまっているだけではなく、米1粒1粒に命が宿っているのです。

「たらこ」なんかもまさに命のかたまりです。そう考えると、「たらこのおにぎり」から、いったいいくつの命をいただいているのか、数えきれないほどですよね（笑）。

だからどんな食べ物でも「美味しいね」とほめて、よく噛んで食べましょう。

尊い命に対して「これはまずい」とか、「これは嫌い」なんて言うとバチがあたります。

ネコやイヌにも「かわいいね」と言うと、その気は伝わります。木や花にも「キレイだね」と言うと伝わるのです。

どんな人でも一人ひとりが、自分と同じ尊い命なんだと思うと、感謝の念やほめようという気持ちになります。

そして、「命ほめ」の最終目的は、人をほめることです。これについては⓮で詳しくお話しします。

天が味方する「引き寄せの法則」⑬

❶〝ほめすぎかな〟と思うくらいほめる
❷自分の住んでいる国・地域をほめる
❸身のまわりのモノすべてをほめる
❹命あるもののすべてをほめる

14

ネガティブ感情をやめて相手の長所をほめる

初対面の人と、短い時間で、いい関係を築こうと思ったら、ここでご紹介することを、ぜひ心掛けてみてください。人生が変わりますよ。

先日、年商100億円のある不動産会社の社長さんと知り合う機会がありました。

その方は、私と会ってすごく元気になったと言ってくれました。

ちょうどその頃、その社長さんは新規事業を立ち上げるために毎日、社員の採用面接をしていました。

25名の社員を新規採用するために、その何倍もの数の人を面接しなければなりません。それで1日に何名も面接をしていると、それだけで疲れ果ててしまうのだそうです。

とても心が優しい方なので、面接のときについ、相手の話を聞きすぎて、相手の苦労話にまでつき合ってしまいます。

また面接をされる側も緊張したり、構えたり、自分の悪いところは決して悟られまいと、ネガティブな気持ちになりがちです。

その結果、お互いがエネルギーの奪い合いをしてしまっているのです。

そこで私はその社長さんに、こんな提案をしました。それは、**「面接のときに、とにかく相手のいいところを見つけて、そこほめてください」ということ**です。

それから数日後、その社長さんからお電話をいただきました。

電話口からでもわかる元気な様子で、相手をほめる面接をしだしてからというもの、まったく疲れなくなったばかりではなく、とても優秀な人を採用できるようになったと言います。

相手をほめると自分もポジティブになれる

この「ほめる面接」には様々な効果があります。

従来の面接だとお互いに悪いところを見られまいとネガティブになり、エネルギーの奪い合いになってしまいますが、相手をほめることで楽しい雰囲気で面接が進められ、さらにお互いがポジティブな感情になって、エネルギーを与え合うことになります。

それに不合格になった人も、その会社に対する印象が悪くなることはありません。それどころか、採用では落とされたけれど、こんな人が社長をしている会社なら、ぜひそこの商品やサービスを利用したいと思うかもしれません。

さらに採用された人は「自分のことを理解してほめてくれたこの社長に、一生ついていこう」とか、「この人のためにがんばろう」と思うはずです。

天が味方する「引き寄せの法則」14

❶相手の短所にフォーカスせず、長所をほめる
❷相手をほめると、自分もポジティブになれる

15

「いい感じですね」は魔法の言葉

だれだって、自分のことをよく思ってもらえたらうれしいもの。
だから、人に出会ったらまず相手をほめましょう。
「ほめる」ことで、あなたにもうれしいことがあるんです。

相手をほめるときに、「どこをほめたらいいかわからない」ことがあるかもしれません。

そんなときに、とっても便利な言葉があります。それは**「なんか、いい感じですね」と言う**のです。

「いい感じですね」と言われて気を悪くする人はいません。

それどころか、「いい感じですね」と言われた人は、言ってくれた人の思いや期待に応えようとして〝いい感じの人〟を演じようとします。

たとえば私は移動の手段として毎日のようにタクシーを利用するのですが、その際に必ず、運転手さんをほめるようにしています。そしてどこをどうほめていいかわからない強者《つわもの》（笑）が現れたとき、「なんか、いい感じですね」を使います。

そうすると、それまではむすっとしていた人が笑顔を見せてくれたり、乱暴な運転をしていた人が慎重に運転してくれるようになります。

どんな人でも悪く見られたいとは思いません。そして、自分をよく思ってくれた人を大切にしようと思うのは、ごく自然な感情なのです。

情けは人の為ならず、自分に返ってくる

人をほめたり、やさしい言葉をかけるのは、その人のためだけにするのではありません。

「情けは人の為《ため》ならず」という言葉があるように、人のためにすることは必ずめぐりめぐって自分のところに返ってきます。

最近では「クレーマー」が増え、なにかにつけてサービスに文句をつける人が多いようですが、これも私にいわせれば、結局は損をしているのです。

人や出来事にいつも感謝していると、また感謝したくなるような人や出来事を引き寄せます。

逆にいつも怒っている人にはまた、怒りたくなるような出来事が引き寄せられてくるのです。

天が味方する「引き寄せの法則」15

❶ほめるところに困ったら「いい感じですね」

❷何事にも感謝していると、感謝したくなる人や出来事を引き寄せる

16

自分で自分の機嫌をとれる人がしあわせを引き寄せる

あなたが今いるところは、「天国」のような場所ですか?
「むしろ地獄かも……」と思ったあなた、
地獄が天国に変わる、とっておきの方法をご紹介します。

他人にいいことをしたらめぐりめぐって自分にいいことが返ってくるように、他人に悪いことをしたらやはり、めぐりめぐって自分に悪いことが返ってきます。

最近よく思うのは、多くの人が「エネルギーの奪い合い」をしているということです。

社会的構造から、地位や権力をもっている人が弱者を支配しようとします。強い人は自分より弱い人からエネルギーを奪おうとします。そして、その奪われた人はさらに自分より弱い人からエネルギーを奪おうとするのです。

会社、家庭、学校、仲間内でも、こうした「エネルギーの奪い合い」という負の連鎖は、どこかで断ち切らなければなりません。

そしてそれを「エネルギーの与え合い」という、プラスの連鎖に変えていかなければならないのです。

「エネルギーの奪い合い」から「エネルギーの与え合い」に変える

日本には古くから「恩送り」という考え方があります。

これは、だれかからいただいた〝ご恩〟を直接、その人に返すことも大事だけれど、まったく別の人にも送る。そのご恩を受けた人はまた別の人に恩を送り、そうやって恩は世の中をぐるぐるとまわっていくという考え方です。

海外にも「ペイ・フォワード」という考え方があります。これと似ていますね。

人類が「エネルギーの奪い合い」から「エネルギーの与え合い」をするように変われば、そのときこの世は「天国」に変わります。

そのための第一歩が**自分の機嫌を自分でとって、自分をまずしあわせにすること**です。

そしていつも楽しいことを考えて、自分に

〝上の気〟をためます。

上の気といういいエネルギーが自分にたくさんたまっていれば、いつでもだれかにそれを渡すことができます。

こうしてまわりに上の気を送っていると、いつしか自分のいるところが天国に変わっていくのです。

天が味方する「引き寄せの法則」16

❶「エネルギーの奪い合い」をやめ、「与え合い」をする
❷いつも楽しいことを考えて、自分を上機嫌にする

17

「〝また〟会いたい」と思ってもらえる人を増やす

「魅力的な人になりたい」。そのために多くの人が、
仕事やスポーツをがんばったり、おしゃれをしたりします。
でも、そもそも「魅力」ってなんなのでしょう？

芸能人のデビュー前とデビュー後の写真を比べると、明らかにデビュー後の方がカッコよく、キレイになっています。

これはメイクが上手になったとか、スタイリストさんがつくようになったというような二次的な要因もありますが、一番は**ファンからの「カッコいい！」とか「かわいい！」という声援が、その人をより魅力的にした**のです。

さらに人気の高いスターはオーラがすごいといいますが、このオーラというのもエネルギーです。

そしてそのエネルギーのもとになっているのが、多くのファンからの応援や声援のエネルギーなのです。

相手がよろこんでくれることをどんどん増やす

人から応援してもらうためには魅力が必要です。

「でも私は顔もよくないし、スタイルも悪い」とか、「僕には歌がうまいとか、サッカーが上手とか、なにも特技がない」と嘆くかもしれませんが、顔のよさや特技だけが魅力ではありません。

魅力とは、一言でいえば〝また〟です。

「〝また〟、あなたに会いたい」という、〝また〟があなたの魅力なのです。

そして、**魅力とは〝足し算〟です**。

自分の得意なこと、好きなことで人の役に立つ。その上、笑顔がステキ。やさしい、思いやりがあるとか、自分のできること、相手がよろこんでくれることを自分にどんどん、足していけばいいのです。

そうしたことの一つひとつがエネルギーとなって、あなたをより魅力的にしてくれます。


天が味方する「引き寄せの法則」17

❶「オーラのある人」＝「たくさんの人から応援される人」
❷「〝また〟会いたい」があなたを魅力的にする

18

「天が○をくれるか」で考えるとすべてがうまくいく

あなたがこれからなにかを始め、成功させるためには、様々な人や物事から、エネルギーを集める必要があります。それを得るための素晴らしい方法を、ご紹介しましょう。

1人からもらうエネルギーより、2人からもらった方が多いし、たくさんの人からもらえばそれだけエネルギーは多くなります。

仕事の成功も、**より多くの人に支持され、よろこばれる量が多ければ多いほど、成功に結びつく**のです。

その昔、今の滋賀県のあたりの近江《おうみ》の国には「近江商人」と呼ばれる人たちがいました。

その人たちは商《あきな》いをする上での理念として、つねに「三方よし」ということを考えていました。それは、「売り手よし、買い手よし、世間よし」の三方がよいことです。

なぜこのような考え方をするようになったかというと、近江商人たちは自分たちの国で商売するだけではなく、広く他国へも出かけて、いろいろな国の特産物を行商していました。

でも普通は、よその国の人が来ても信用されず、商売することはできなかったのです。

そこで近江商人たちは他国の人に信頼してもらうために、自分たちのトクばかりではなく、商いの相手もトクをして、さらに商いをさせてもらう地域の人たちにもよろこんでもらえることを考えました。

それがやがて「三方よし」という考え方となって、定着していったのです。

「三方よし」より「四方よし」

一人さんはさらに、「四方よし」という考え方を私たちに教えてくれました。

たとえば新商品を考えるときは、お客さんのためになって、それで世間もよろこんでくれて、自分たちもしっかりと利益を出す。

そしてさらに**そのことで、天が〇をくれるかどうかを考えるのです**。

四方よしで物事を考えれば、相手が応援してくれて、世間も応援してくれて、自分も楽しく、さらに天も味方してくれるのです。

これだけ多くのエネルギーを得られる方法は、他には絶対にありません。

天が味方する「引き寄せの法則」18

❶よろこばれる量が多いほどエネルギーも増える
❷四方よしで考えるとすべてうまくいく

第3章

いつも上機嫌で楽しい人に変わる9つのポイント

19

成功したから楽しいのではない。楽しいから成功する

「なにをやってもうまくいかなくて、全然楽しくない……」

そんなときは、自分の心を見つめ直してみましょう。

うまくいかない原因は、そこにあります。

なぜか、なにをやってもうまくいかないときってありますよね。

そんなときはまず、自分がマイナスのエネルギーを出していないか、見直してみることも大切です。

マイナスのエネルギーからプラスのものは生まれません。だから物事がうまくいかないのは「そろそろエネルギーを切り替えないとダメですよ」というサインなのです。

点検の仕方はいたってカンタン。自分の心が楽しいかどうか。

楽しくない人からは楽しくない波動が出ています。そういう人のもとには楽しくない人や、楽しくない出来事が引き寄せられてきます。

仕事が楽しくないからとか、なにも楽しいことがないから、楽しいことを考えられないのかもしれません。

そんなときはとにかく、**自分の心が楽しくなることを探してください**。趣味でもなんでもいいから好きなことをして、心を楽しくするのです。そうすれば楽しい時間が増えます。

仕事自体が楽しくなくても、仕事が終わったら楽しめるとか、一所懸命稼いで楽しもうとか、気持ちの切り替えができます。

そうして楽しい気持ちで仕事をしているうちに、仕事自体も楽しくなってくるのです。

笑うことで楽しくなるし、おもしろいことも起こる

中には「楽しんじゃいけない」と考えている人もいます。

たとえば、まじめすぎる人。

仕事も勉強も、まじめに努力することは大切なことです。でも、まじめすぎる人ってておもしろくありません。

それは昔、学校で笑っていたら「まじめにやれ！」と先生に怒られたからかもしれません。部活で楽しそうに笑っていたら「真剣さが足りない！」と注意された人もいるでしょう。

日本人は特に、普段から笑顔が少ないと思います。それを私はイタリアに行ったときに感じました。

レストランやお店ではもちろん、道端でふと目が合っただけでもイタリアの人たちは、男女を問わずニコッとしてくれます。

イタリアから日本に帰ってすぐに感じたのは、お店でも、電車の中でも、道端でも、とにかく日本人は不機嫌そうにしている人が多いということです。

厳格さや規律を重んじる日本の習慣はすばらしいと思うのですが、日常をもっと楽しくする工夫も大切だと思います。

また中には、家族が重い病気にかかっていたり、大変な苦労をしていると、自分だけが楽しくしてはいけないという気持ちになる人もいます。

でも、だからといって同じように暗くなっ

ていては、自分の心まで暗くなってしまいます。そういうときだからこそ、自分は明るく楽しくして、家族をもり立てていくことが必要です。

一人さんの言葉に、

「楽しいから成功するんで、成功したから楽しいんじゃないですよ」

というものがあります。

「笑う門には福来たる」とも言います。

おもしろいことがないからブスッとしているのかもしれませんが、笑えば楽しくなるし、おもしろいことも起こるのです。

一番大事なのは、**自分の気持ちをコントロールすること**なんです。

天が味方する「引き寄せの法則」19

❶うまくいかないときは、楽しくなることを探す
❷自分の気持ちをコントロールできる人が成功する

20

問題が起こったら楽しく解決する方法を考える

なにか問題が起こったとき、あなたの心はどんな状態でしょう。

「落ち込んでしまって、どうしたらいいかわからない」

気持ちはわかります。でもそれはちょっともったいないかも……。

悩み事はだれにでもあります。でも、その悩み事にどう対処するかで、人生は大きく変わってきます。

悩むと人は落ち込みます。落ち込むと圧が下がり、エネルギーも抜けてしまうんです。

自分の内面と向き合うことはとても重要ですが、悩みに飲み込まれて落ち込んでしまってはいけません。それよりも、**客観的な立場に立って、自分の悩みを見つめてみてはいかがでしょうか。**

たとえば、**探検家になったつもりで、自分の悩みを探検してみる**のです。

「悩み」という名の真っ暗な洞窟の中を、「楽しい」という自分の感覚を頼りに進んでいきます。

行き止まりにぶつかることもありますが、そうやって進んでいくうちに、必ずゴールに近づいていきます。

その進む先には必ず、お宝が待っています。その行程が困難であればあるほど、「宝の山」は大きいのです。

問題がないと人はなかなか変わらない

または〝名探偵〟になりきって、自分の悩みという〝事件〟を解決していくのもいいでしょう。

まずは悩みの発端となった事件を検証していきます。そのときの自分の感情、相手がいる場合は相手の感情も考察してみます。

さらには過去に同じような事件がなかったか考えてみましょう。そうすると、事件の裏に隠された自分の感情や動機のようなものが見えてくるかもしれません。

自分の悩みを第三者の視点に立って冷静に考えると、悩みの本質がわかります。

また、自分の考え方や好みなどの傾向もわかって、「ここを直そう」と反省や改善ができ、より具体的な解決策を考えだすことができます。

なにより、「どうしよう……」と考えるより、「この事件を解決するぞ！」と思った方が明るく、楽しいですよね。

なにか問題が起こったときは、それは飛躍のチャンスです。その問題を改善するとさらによくなれるのです。
人は問題がないと日常をなかなか変えようとしません。だから、問題が起こったら
ただ悩むのではなく、楽しく問題解決を考える。
さらに、まわりも巻き込んで一緒に成長しましょう。
まさに、転んでもタダで起きてはダメなんです。
自分との向き合い方が上手な人は、人との向き合い方も上手になります。
自分と向き合うことでさらに自分を理解し、自分のことが好きになります。
自分を愛せない人は人も愛せないのです。

天が味方する「引き寄せの法則」20

❶悩みに飲み込まれない。悩みを見つめること
❷問題は、まわりも巻き込んで一緒に解決する

21

「当たり前」に感謝する

どんなに「ありがたい」と思うことでも慣れてしまうと、「当たり前」と感じるようになってしまいます。きちんと感謝できているか、自分の心を点検しましょう。

普段の生活でなにか「つまらないな」とか、不平・不満が出たら要注意です。それはあなたのエネルギーが下がっている証拠です。

また、なにも行動しない、なにも考えていないというのもダメです。常に心を〝楽しい〟で満たしていないと、人は不安になってきて、エネルギーが下がってしまうのです。

そんなとき、まず点検しなくてはならないのは、**今の自分や身のまわりに感謝できているか**ということです。

たとえば、今日のごはんが食べられることに感謝。仕事ができることに感謝。なにかあったら相談できる人がいることに感謝。今日一日を過ごせたことにも感謝。

これがもし、ごはんが食べられるのはお金を払っているんだから当たり前。仕事をして給料をもらうのは当たり前。親が子どもの面倒を見るのは当たり前。子どもは親の言うことを聞くのが当たり前。体の健康も生きていることも当たり前と思っているのなら、それはとても残念なことです。

世界では1日に約4万人の人が餓死しています。

仕事もなくて貧困にあえいでいる人もたくさんいます。

そして1日に15万人の人が亡くなっています。

その中には戦争や犯罪の犠牲で亡くなる人もいます。人生これからというときに、自分が悪くなくても命を奪われる人がたくさんいるのです。

そう考えると、私たちの日常にはなに1つ、「当たり前」なんてないんだということがわかります。

昔は東京から大阪に行くにも歩いて何日もかかったのが、今なら新幹線で2時間半、飛行機なら1時間もかかりません。

海外旅行に行くのも昔は命がけだったのが、今では世界中に気軽に行くことができます。

離れた人とも携帯電話ですぐに話ができ、最近では相手の顔を見て話すこともできます。

スイッチをつければ明かりがつき、蛇口をひねれば水もお湯も出る。今では当たり前のようなことも、ほんの100年前までは夢のようなことだったのです。

あなたは感謝の量が多い人か、少ない人か

私は最近、身のまわりのことを改めて意識するようにしています。

たとえば会社や仕事の仲間たちのことも、一人ひとりの名前を口に出して「ますます愛が深まりました」とか「すごく仲良しです」といつも言っています。

そうすると改めて相手のいいところが見えてきたり、感謝の気持ちがわいてきて、さらに仲良くしたくなるのです。

「ありがたいなぁ」と思うだけでなにかしあわせな気分になり、体にエネルギーが満ちてくるのを感じます。

エネルギーにあふれている人というのは、それだけ感謝の量も多いのです。

ぜひ、不平・不満やグチ・泣き事が出そうになったら、身のまわりの自分のしあわせを数えてみてください。

ごはんが食べられてしあわせ。仕事ができてしあわせ。朝、目が覚めてしあわせ……。

こうして数えたしあわせが、あなたにエネルギーをもたらしてくれるのです。

天が味方する「引き寄せの法則」21

❶私たちの日常になに1つ、「当たり前」なんてない

❷「ありがたい」という気持ちがエネルギーを引き寄せる

22

天命に任せて人事を尽くす

「仕事が楽しくない」「やりたいことが見つからない」……。
先が見えないときは、ついそう思ってしまいがち。
でも、その前にやることがあるのです。

よく、「やりたいことが見つかりません」とか「今の仕事が天職とは思えません」といった相談を受けます。

自分の好きなことをそのまま仕事にできた人は、ある意味ラッキーかもしれません。多くの人が、自分の希望する職業に就いたり会社に入れるわけではないからです。

楽しく仕事ができるに越したことはないのですが、おおむね仕事は大変なものです。だからこそ、給料をもらえるのです。

「仕事が楽しくない」という人は趣味を充実させるとか、他に楽しいことを見つけてください。

趣味ってお金がかかるのです。もっと趣味を楽しもうと思うと、もっと稼ごうと思います。そうやって趣味を楽しむために仕事をがんばっていると、いつの間にか仕事も楽しくなってきます。

「天職が見つからない」という人は、まずは今の仕事を一所懸命やってみてください。

天職とは〝呼ばれるもの〟です。つまり、**呼ばれた先で一所懸命仕事をすることが**

天職なのです。
なんでもそうですが、一所懸命やっていると道は拓《ひら》けてくるものです。
だからまずは人事を尽くす。そうしないと、あなたの本当の天命はわかりません。
先に天職や天命を知ろうとしてもダメなんです。なぜかというと、**天命や天職は教えてもらうものではなく、それを知る過程が一番大事だから**です。

わからないことをおびえるより、楽しむ自分をつくれ

一人さんは楽しい人生をおくる方法を、こう話してくれました。

「人事を尽くして天命を待つ」という考え方と、「天命に任せて人事を尽くす」という考え方があるんです。

ようするに、天命として出てきたことをやるんだっていうことだから、一所懸命やることは考えているけれど、先になにが出てくるかはお楽しみなの。

明日は明日、まったくわからないのがお楽しみっていうことかな。

楽しい人生をおくりたかったら、なにが出てきても楽しめる自分をつくることだよ。

一人さんの生き方はまさに、この「天命に任せて人事を尽くす」なんです。

さらにいえば、自分に起こったことを天命と捉え、それをどんなことでも〝楽しく〟人事を尽くす。これが一人さん流なのです。

天が味方する「引き寄せの法則」22

❶目の前の仕事を、いつも懸命にする

❷自分に起こったことをすべて楽しむゆとりをもつ

23

〝正しさ〟より〝楽しさ〟を優先する

「まじめに正しく生きていきましょう」

学校や家庭でそう教わってきた人は多いと思います。

でもその「正しさ」が、あなたを苦しめている場合もあるのです。

「まじめに生きているのにうまくいかない」という人がいます。

こういう人はつねに〝正しさ〟を追い求めます。

まじめに生きることも、〝正しさ〟を追い求めることも、悪いことではありません。でも、そこに**〝楽しさ〟がないと、やはり物事はうまくいかない**のです。

算数のように、1＋1＝2というような正しさを求めることは必要です。

お店でレジのお金が多くても少なくても問題ですし、電車やバスの到着時刻が適当だと困ります。

でも、必ずしも1＋1＝2とならないのが人生です。

ある人にとって正しいことが、ある人にとって正しくないこともあります。

また、世間の常識や倫理に反することも、100年ぐらい前はそれが正しいとされていたこともあるのです。

正しさばかりを追い求めると、人は苦しくなります。だから、ときには正しさよりも楽しさを優先させることも必要なのです。

楽しさを追求していくと、人生そのものが楽しくなる

世間の人は正しさを追求しますが、一人さんはとにかく、楽しさを追求しています。

商品名を決めるときでも「マーケットをリサーチして……」云々より、その商品名が楽しいか、楽しくないかで決めるんです。「銀座まるかん」の大ヒット商品『スリムドカン』も、こうして名前が決まりました。

仕事をしているときでもとにかく「それは楽しいかい?」って聞くのです。最初は本当に「変な人だなぁ」と思いました(笑)。

でも、一人さんの言うように楽しさを追求していったら仕事も楽しくなって、さらに仕事をしていないときも楽しくなって、気づいたらいつも楽しい自分がいました。

一人さんは仕事が楽しくないという人には、**「趣味でもなんでもいいから、とにかく楽しいことを考えな」**って言います。

とにかく、楽しいからスタートしないと、すべてがつまらないになってしまいま

す。すると、人生そのものがつまらないものになってしまいます。

だから**楽しい時間をどれだけつくるかで、しあわせって決まってくる**のだと思うのです。

つまらないことをやり続けてしあわせになることはできません。一人さんが言い続けてきた「しあわせ論」とは、「楽しい論」なんです。

どれだけ正しいことを追求していっても、それを楽しいと感じられなかったら、人はしあわせではないのです。

天が味方する「引き寄せの法則」23

❶〝正しい〟よりも〝楽しい〟の方がしあわせになれる
❷楽しい時間をどれだけつくれるかで人生は決まる

24

天は「〝自家発電〟できる人」を応援する

あなたはエネルギーを与える人ですか？ 奪う人ですか？
エネルギーを人に与える人に天は味方するのです。

一世を風靡《ふうび》するほど人気者だった芸能人が、その数年後にまったく売れなくなることがあります。

また、大成功をおさめた企業家が、問題を起こして進退を問われたり、その会社が倒産に追い込まれるということも、まれなことではありません。

こういう人たちの特徴は、成功したり人気が出たらおごりが出て、威張りだすことです。

どれだけすばらしい才能をもっていても、どれだけ優秀な業績を残せたとしても、**絶対にやってはいけないのが、この〝威張る〟という行為**です。

威張る人というのは、自分で自分の機嫌がとれない人です。

自分で自分の機嫌をとれる人にとっては、人にほめてもらったり、気を遣ってもらうのは、それはそれでありがたいことだけれど、そうでなくても別に問題ありません。

レストランやお店で、従業員に威張り散らしている客がたまにいますが、あれほどみっともないものはありません。

「こちらはお金を払っている客なんだから当然だ」と言いたいのかもしれませんが、

結局は自分の品位を落とすだけでなく、他人のエネルギーを奪った分だけ、めぐりめぐって自分のエネルギーも奪われることになります。それがわからないのです。

エネルギー泥棒は必ず報いを受ける

一人さんは絶対に威張りません。どこに行っても、だれとでも気さくに話をします。そして、だれに対しても思いやりを尽くします。

たとえばお昼ごはんを食べに入った食堂が混んでいたら、「カンタンなものだけ頼んで、サッと出ようね」と言います。

それと一人さんは、人から気を遣われるこ

とも嫌います。だからテレビやマスコミに出たがりません。

有名になりたい人って、人からチヤホヤされたいんです。「人からチヤホヤされてエネルギーをもらえる人が偉いんだ」と思っています。これは大きな間違いです。威張ったり、人に機嫌をとらせる人は、相手のエネルギーを奪います。いわば、「エネルギー泥棒」です。

これは天から見たら、犯罪です。だから必ず、報いを受けます。

それに対して、**自分の機嫌を自分でとっている人はエネルギーを〝自家発電〟し、余った分を惜しみなく相手に与えます**。だからいつも豊かです。

こういう人には世間も味方するし、天も味方するのです。

天が味方する「引き寄せの法則」24

❶自分で自分の機嫌をとることでエネルギーを自家発電する

❷エネルギーが余ったら惜しまず人に与える

25

「エネルギー泥棒」から自分の身を守る法

「エネルギー泥棒、私の上司がそうです！」

あらら。会社の上司では逃げたくても逃げられませんね。

では、そんなときの対処法をお教えしましょう。

どれだけ気をつけていても、世間には相手の元気ややる気を奪おうとする、「エネルギー泥棒」がいます。

そういう人に出会ったときの対処方法を教えます。

まず、**逃げられるときは逃げる**のです。

人の機嫌をとろうとすると、こちらの機嫌も損ねることになります。だから、こういう人は相手にしないのが一番なんです。

では、逃げられないときはどうするか？

そのときは前にも書いた通り、**「修行が来たな」**と思うことです。

ただ、それをだまって我慢してはいけません。我慢すると、マイナスのエネルギーになって、結局自分のエネルギーを減らすか、他のだれかのエネルギーを減らすことにつながってしまいます。

ではどうするかというと、**これも「楽しい」に変える**のです。

会社の部長がエネルギー泥棒だとしたら、「よし、今日も『部長の滝』で修行しよう！」って思うと、フッと気が楽になります。

また、その部長を**自分の心の中で「達人」と呼ぶ**のです（笑）。それで友達に「ウ

チの会社に人のエネルギーを奪う達人がいて、その達人が今日はこんなことしたんだよ」などと笑い話に変えるんです。

するとその友達も「ウチの会社にも達人がいてね……」となるかもしれませんし、別の日に「今日の達人、どうだった？」と聞いてみたり、友達と飲みながら「達人会議」を開くのもおもしろいかもしれません（笑）。

イヤな相手からやられたことは学びに変えなさい

笑いや楽しいことに変えるとともに、学びに変えることも忘れてはいけません。

自分がされてイヤなことは絶対に人にはせず、そこから学んで逆のことをすれば、その経験が活かされます。「人の振り見て我が振り直せ」ですね。

人のエネルギーを奪おうとするような人は、人間が未熟なんです。だから、やられたことにいちいち腹を立てるのではなく、**「この人は未熟なんだ」と思ってあげましょう。**

腹を立てるとその分、自分のエネルギーを減らすことになってしまいます。

それと、相手も未熟だし、自分も未熟なんです。

完璧な人間なんて、1人もいません。

そうやって考えると、ゆるせることが増えます。

ゆるせることが増えると、生きることがもっと楽になりますよ。

天が味方する「引き寄せの法則」 25

❶エネルギー泥棒と出会ったら「修行が来たな」と考える

❷自分がされてイヤなことは人にせず、逆のことを人にしてあげる

26

いらないモノ、使わないモノは捨てる

あなたの部屋は、いつもそうじをして、片付いていますか？
タンスの中に、最近全然着ていない服が眠っていませんか？
こうした暮らし方も、実は運気を左右しているんです。

「なぜか、うまくいかない」「エネルギーが下がってる」と感じたとき、あなたの身のまわりを見渡してみてください。

玄関はキレイですか？　窓やトイレは汚れていませんか？

汚れていたり、ホコリがたまっていたり、汚いところにはマイナスのエネルギーがたまります。

それがあなたのエネルギーを奪い、運気を下げるのです。

私はなにか調子が悪いときや、新しいことにチャレンジするときには必ず部屋をそうじすることにしています。

そうすると、不思議とエネルギーがみなぎってくるだけではなく、気持ちもスッキリし、頭の中も整理されて、いいアイデアが浮かんできます。

古いモノを捨てると、新しいモノがどんどん入ってくる

そうじをしてキレイにすることも大切ですが、さらに重要なのは、**「いらないモノを捨てる」**ということです。

いらないモノ、不必要なモノを捨てずにため込んでいると、そこからもマイナスのエネルギーが出て、運気を下げます。

だから、定期的にタンスや押し入れの中を整理し、いらないモノ、不必要なモノは捨てましょう。

「いつか使うから」とか「もったいないから」という気持ちはわかりますが、モノは使われて初めて価値が生まれます。

モノも、使われずに放っておかれるのが一番つらいのです。

だから、使えるモノであれば、だれか欲しい人がいればあげるとか、リサイクルショップを利用するという手もあります。

エネルギーというのはつねに循環が必要なのです。

だから、いらないモノ、使わないモノはどんどん捨てる。

すると、モノの大切さがわかって無駄遣いしなくなったり、古いモノを出すことで、また新しいモノが入ってくるようになるのです。

天が味方する「引き寄せの法則」26

❶調子が悪いとき、新しいことにチャレンジするときは、部屋をそうじする

❷いらないモノを捨てると、モノの大切さがわかる

27

〝笑顔〟と〝うなずき〟は愛される社員の最大の武器

社長も社員も、みんなが気持ちよく働ける理想の職場にするには、どうしたらいいのでしょう。ポイントは上下関係です。

働く人にとって、職場は家庭の次に、人によっては家庭以上に過ごす時間が長い場所です。

その場所がエネルギーを奪い合うようなところだと、疲れるばかりではなく、今は業績がよかったとしても長続きしません。

よい職場とは、エネルギーを与え合える職場です。お互いがエネルギーを与え合っているので、人間関係がすごくいいのです。

特に大事なのは、会社の上下関係です。

では、エネルギーを与え合える会社の上下関係が、どういうものかを、具体的に見てみましょう。

威張っちゃいけない、なめられちゃいけない

まずは社長と上司です。

社長の基本は**「威張っちゃいけない」**です。

「社長は会社で一番偉いんだから、社員は社長の機嫌をとって当たり前」と思うかも

しれませんが、それではいけません。

上司も同じです。得意先や社長から威張られ、エネルギーを奪われた分を部下から取り戻そうとすれば、そこからは必ず「負の連鎖」が生まれます。

会社では、偉くなればなるほど、自分の機嫌は自分でとらないといけません。「偉くなればなるほど、わがままが言える」と思っているのは大間違いです。

ただ、**「威張ってはいけない」けれど、「なめられてもいけない」**のが社長であり、上司です。

社員や部下になめられていると仕事になりませんし、会社としての士気も上がりません。

だからやはり、上に立つ者はそれに見合った威厳が必要です。

偉くなればなるほど、それだけ影響力が強くなります。だから、それに見合ったエネルギーを与えられる人にならなければいけないのです。

よく、怒ることによって威厳を保とうとする社長や上司がいますが、これはいけません。

社員や部下が間違ったときに、その間違いを指導することは大切ですが、怒りに任せて叱るのはよくないのです。

間違いを指摘するだけではなく、ときには叱ることも必要ですが、大切なのは**そこに〝愛〟というエネルギーがあるかどうか**なのです。

社員にとって最も大切なのは「愛されること」

次に社員・部下です。

先に、「社長は社員に機嫌をとらせてはいけない」と言いました。

でも、矛盾すると思われるかもしれませんが、社員は社長の機嫌ぐらいとれないとダメです。

社員にとって、給料を払ってくれるのは社長です。

「お客様が商品を買ってくれるからだ」という意見もありますが、お客様が商品を買ってくれなくても給料を払うのが社長です。だから、**社員にとっての一番のお客様は社長**なのです。

働く場を提供してくれて、給料を払ってくれて、会社としての対外的な責任のすべてを負ってくれる社長の機嫌の1つもとれないで、「働いた分の給料をもらうのは当然の権利」なんて言うのは、あまりにも感謝が足りません。

社員にとって大切なのは「愛されること」です。

そのためにはまず、聞き上手になりましょう。

〝笑顔〟と〝うなずき〟は愛される社員の最大の武器です。いつも笑顔でうなずいて聞いてくれる人を、大切にしない人はいません。

やはり、社長や上司とのコミュニケーションのうまい人は必ず出世します。

多少、社長や上司の機嫌が悪かったとしても、そんなときは「社長（上司）も大変だな」と思って、そっと聞き流してあげるのが社員の愛です。

このように、**いい会社、いい職場とは社長と社員の全員が、それぞれの立場に応じた〝愛〟というエネルギーを、お互いに発揮し合えるところ**だと思うのです。

このような〝場〟にはよいエネルギーが流れ、よいお客様を呼び込みます。

逆に〝場〟が悪いとエネルギーも悪くなり、よいお客様を遠ざけ、その悪い場に応じた人を引き寄せます。

そうならないためにも、社長も社員もともにいいエネルギーを出し合い、いい場をつくるように心掛ける必要があるのです。

たった1人のこの想いが会社を変えた!

「自分1人ががんばったって、会社は変わらない」とあきらめて、自分からはなにもしようとせずに、会社や上司の批判をしている人をたまに見かけます。

しかし、たった1人でも会社を変えることはできます。

このお話は、一人さんの愛弟子さんである堀嶋さんの体験談です。

堀嶋さんは、新年度に全国から社員が集まる会社の会議で、話をする機会を与えられました。

堀嶋さんは、事前に各部署をまわり、「仕事の楽しさや達成感を感じたこと」について聞いてまとめ、それをみんなの前で発表することで、仕事に対する意欲やヤル気、会社全体の連帯感をもってもらおうと考えました。

さらに、一人さんの「大我と小我」の話も引用して話したそうです。

その内容は、大我で生きることの大切さ。大我で経営を考えたとき、会社として利益を上げるだけではなく、お客様のよろこび、社員のしあわせ、取引先の成功、世間やみんながハッピーになることを願って仕事をする。そうすれば、みんながよろこんで応援してくれる会社が必ずできる、といったものです。

発表が終わって休憩時間のときに、ある人が堀嶋さんに近づいてきて、発表の感想を、こう話してくれました。

「私は今まで、陰で会社の悪口や他の社員の悪口を言っていました。

でも今日、堀嶋さんのお話を聞き、自分がやっていたことが、とても恥ずかしいことだと気づきました。

私は考えを改めようと思いました。ありがとうございます」

さらには社長や役員、多くの社員が堀嶋さんの発表に共感して「いいね！」とか、感謝や感動の言葉をくれたそうです。

堀嶋さんがそうであったように、たった1人の小さなエネルギーでも、それが大我のエネルギーならまわりの人たちを変え、さらには大きなエネルギーへと発展していきます。

それに「大我」を目指した時点で、その人はもう1人ではありません。

仲間が、お客様が、世間が、そして神が味方してくれる存在なのです。

天が味方する「引き寄せの法則」27

❶よい職場はエネルギーを社員同士が与え合っている
❷上に立つ人は「威張らない」「なめられない」
❸社長の機嫌がとれる社員が成功する
❹自分が会社を変える勇気をもつ

第4章

エネルギー
あふれる体をつくる
8つのカギ

28

エネルギーが抜けない体をつくる

あなたの体は健康ですか？　不調はありませんか？
「なんだか調子が悪い……」と思ったら
すぐに改善しましょう。

どれだけ自分のエネルギーを高めても、どれだけ相手のエネルギーをもらっても、そのエネルギーが体から抜けていったらなんの意味もありません。

それはまさに、穴の開いたバケツに水をためるようなものです。

入れても入れても、どんどん穴から水が抜けでてしまいます。

人の体でいえば、それはまさに〝病気〟です。

体が〝病む〟ことでエネルギーである〝気〟が抜けていくのです。

実は私も、先日それをイヤというほど感じました。

引っ越しの際に無理をして、肩を痛めてしまったのです。

痛みがあると、どれだけ自分の圧を上げても、どれだけ楽しいことを考えても、体からエネルギーが抜けていきます。

そのときは「健康な体あってのエネルギーなんだな」と、つくづく感じました。

病気にもあった！「原因」と「結果」の法則

病気になるということは、必ずその原因があります。

それは偏《かたよ》った食生活が原因かもしれませんし、仕事や日常生活での無理が原因かもしれません。あるいは、もっと深いところにその原因があるかもしれません。

原因は様々ですが、**病気とは生活習慣や心のあり方などの〝間違い〟を結果として、「それ、間違っていますよ」と知らせてくれている**のです。

だから**その原因となる〝間違い〟を正していく必要があります**。

また、加齢による衰えも否めません。

年齢とともに筋肉の量が減って、それに合わせて基礎代謝も悪くなり、太りやすい体になります。そこから様々な病気に発展していくこともあります。

また更年期障害など、加齢に伴う病気は避けがたいものがあるのです。

だからといって、なにもしないのではいけません。努力すれば、いつまでも若々しく過ごすことができます。

そのためには**日々の生活を見直す必要があります**。

食生活を見直し、食事で得られない栄養はサプリメントで補ったり、毎日の運動を心掛けることで、体は必ずそれに応えてくれます。

天が味方する「引き寄せの法則」28

❶病気は、生活習慣や心のあり方を見直せという天からのサイン
❷日々の生活を見直し、病気にならない体をつくる

29

若さの秘訣は「自分の実年齢を思い出さない」こと

「いつまでも若々しく、健康でありたい！」

そう願わない人はいません。そんなあなたにいい方法があります。

簡単すぎて信じられないかもしれませんが、まずはお試しください。

加齢による衰えは否めないと言いましたが、人はいつまでも若々しく生きることができます。

そのお手本がまさに一人さんなんです。

一人さんはいつでもとにかく若々しく、40年前と変わらずカッコいいのです。

そんな一人さんに若さの秘訣を聞くと、こう答えてくれました。


それはまず、毎日を楽しく過ごすこと。

楽しく過ごしていると1年があっという間に過ぎちゃうけど、1年が半年ぐらいの感覚で過ぎたとしたら、その人は1年で半年分しか歳をとってないんです。

逆に、「苦労すると老ける」っていわれてるけど、つらいときって時間も長く感じられるの。

それで、人って毎日をつらいとか、苦しいとか思いながら過ごしていると、1年でもガクンと老けるんです。

そこで若さの秘訣はなんですかっていうと、〝自分の実際の年齢を思い出さない〟ことなの。

特に歳をとると、「もう歳だから……」とかって、脳ができない理由を探してサボろうとするんだよね。

でも、「自分は若い！」って思っていると「あれもできる。これもできる」って、脳が若い頃のなんでもできたときのことを記憶しているから、できることを探すんだよね。

それで私の場合は個人的に「自分の年齢を勝手に決める会」というのをやっていて、そこで自分は「27歳です」と言うように決めてるんです。

なぜ27歳かというと、それ以上若いとなんかまだ未熟なような気がするし、それ以上の歳だと分別のあることを言わないといけないような気がしてイヤなの（笑）。

もちろん、健康診断のときとか、役所に書類を提出するときとか、そういうときは実際の年齢を書くけど、それ以外のときはずっと、「私は27歳です」って思ってるんです。

さらに最近では自分の年齢を、もっと分別なく楽しめる18歳にしましたよ（笑）。

それで、あとは毎日を楽しく過ごすの。そうすると老けないいんです。

ウソだと思うなら、ぜひやってみて！

年齢を「18歳」にしたら、私も若返った!

この話を聞いて、私も即、「自分の年齢を勝手に決める会」に入会しました!(笑)

そこで私は自分の年齢を18歳に決めたんです。なぜかというと、それが一人さんと出逢った歳だからです。

「私は18歳」だと思うと、なんだかワクワクしてきます。

そのワクワクが脳に伝わり、「記憶の中の18歳の自分」と「現在の自分」のギャップを埋めようと、様々な〝引き寄せ現象〟が起こりました。

その中の1つが「加圧トレーニング」との出合いです。

加圧トレーニングのおかげで無理な運動や筋トレをすることなく痩せて、スタイルは18歳の頃と同じサイズになりました。

するとおしゃれにも幅ができ、「もっと楽しみたい」とアンテナを張っていると、様々な情報や出会いが引き寄せられました。

ブログを始めると、さらにその輪は広がっていき、自分でも思ってみなかった、新しい世界とつながっていったのです。

サミュエル・ウルマンの「青春」という詩の冒頭に、こうあります。

「青春とは人生のある期間をいうのではなく、心の様相をいうのだ」

人は心のもち方次第でいくらでも変われます。

だから、私には〝老後〟はありません。一生、青春なのです。

天が味方する「引き寄せの法則」29

❶自分の年齢を勝手に決めて、毎日を楽しく過ごす

❷自分の年齢は心のもち方次第でいくらでも変えられる

30

体の〝冷え〟があなたのエネルギーを奪う

あなたの平熱は何度でしょうか?

「36・2度だから、ふつうです」

いえいえ、実はその体温、健康と言うにはちょっと低いんです。

病気ではないけれど体の調子がよくなかったり、どこも悪いところはないけれど元気がないという人が増えています。

また、病院に行くほどではないけれど、腰痛や肩こり、便秘など、ちょっとした体の不調が慢性化している方も多いのではないでしょうか。

実は、これらの症状を訴える方の多くに共通していることがあります。

それは、**体の〝冷え〟です**。

意外と知られていませんが、健康な人の平熱は36・5度〜37・1度です。だから、病的な自覚症状がなければ37度は微熱ではなく、健康な体温なのです。

これに対して、平熱が36度以下という「低体温」の人が、最近すごく増えています。

低体温は、放っておくと様々な病気を招く、とても危険な状態です。

たとえば、**体温が1度下がると体の免疫力は30％も低くなる**といわれています。

免疫力が下がるとバイ菌やウイルスから体を守れなくなったり、免疫の誤作動によって自分自身の免疫が自分の体組織を攻撃して、病気を引き起こします。

花粉症も免疫の誤作動です。

また、**低体温は体内を酸化させ、老化スピードを促進させてしまいます。**

さらに、健康な細胞は低体温だと新陳代謝が悪くなりますが、ガン細胞は逆に、35度台の低体温のときに、もっとも活発に増殖するのだそうです。

低体温は身体だけでなく、精神もむしばむ

低体温は身体だけではなく、精神にも悪影響を及ぼします。

低体温になると血液の循環が悪くなり、体の各臓器への栄養が不足します。そうなると、脳内神経伝達物質の1つである「セロトニン」の生産がうまくできなくなってしまいます。

この「セロトニン」とは精神を安定させる作用をもつ物質で、これが不足することで精神のバランスが崩れてしまい、いわゆる〝うつ状態〟になってしまうのです。

このように、低体温は身体だけではなく、精神もむしばみます。

さらにいえば、冷えは腸内環境も悪くします。

腸は体の中で最も大事な役割を担う場所です。

食べ物の栄養を吸収し、体に害を及ぼすものを排出します。また、腸は体内で最大の免疫器官でもあります。

腸内環境が悪くなると血液が汚れ、様々な病気をつくりだす原因にもなるのです。

これでは、いくらいいエネルギーを入れたところで、穴の開いた入れ物に水を入れるようなものです。

入れても入れても、どんどんエネルギーが抜けてでてしまいます。

体の冷えはこれほど怖いことなのです。


天が味方する「引き寄せの法則」30

❶体の不調が続く原因は「低体温」にある
❷「低体温」は心にも悪影響をおよぼす

31

ちょっとした風邪は薬に頼らない

私たち人間の体には、すばらしい機能が備わっています。
その機能があったからこそ、人類は今日まで存続してきたのです。
でも現代では、それを活かせない生活に変わってしまったようです。

それではなぜ、これほどまでに低体温の人が増えてしまったのでしょうか。

それは、便利で手軽な現代社会の落とし穴です。

まず、昔と比べて現代の人は動かなくなりました。

移動には車や電車。行った先ではエレベーターにエスカレーター。さらには動く歩道まであります。

家庭内でも洗濯は全自動。井戸や川に水を汲みに行くこともなく、蛇口をひねれば水もお湯も出ます。

動かなくなると基礎代謝も悪くなるので、体に脂肪がつきやすくなります。

脂肪は温まりにくく冷えやすい特徴があります。

太るとさらに動くのがおっくうになって筋肉量が減り、そのせいで基礎代謝もさらに悪くなります。

代謝が悪くなると体は冷えるので、それに対して体は冷えから自分を守ろうとして脂肪を蓄えようとするため、悪循環が生まれるのです。

また、快適な環境にも問題があります。

住宅や冷暖房機器の性能も上がり、私たちは夏は涼しく、冬は暖かく過ごすことができます。

でも本来、人間の体には体温を調整するための機能があります。秋に食欲が増すのは、寒い冬に向けて脂肪をため込もうとする本能からです。

しかし現代は、どこでも冬は暖かく、夏は涼しく過ごせます。それどころか、夏はガンガンに冷房の効いた部屋にいて、冷たいものを飲んで体を冷やします。これでは体温調節機能がおかしくなります。

さらに現代社会は便利になった分、その代償として複雑になりました。人はより高度な技術が求められ、より多くの知識が求められます。さらに人間関係も複雑になりました。

こうしたことがストレスとなり、自律神経を狂わせて、体温調節ができない体になってしまうのです。

風邪は薬に頼らず、自然治癒に任せる

さらに、食べ物も問題です。

白米や白い砂糖、白いパン、人工的につくられた塩など、精製された白い食べ物は見た目はよいのですが、これらはすべて体を冷やします。

さらにいえば、本来、その食材に備わっていたミネラルなどの大切な栄養分を取り除いてしまっているため、栄養的にも問題です。

本来は地元でとれた旬の食材をいただくのが体に一番いいのですが、今では季節を問わず、世界中の食材が手に入ります。

その中でも暖かい地域でとれたものは、たいてい体を冷やす作用があるのです。

水分をとることは大切ですが、必要以上に水を飲むと体を冷やすことになります。

また今の日本では、どこでも手軽に薬を手に入れることができるようになりました。それはとてもよいことなのですが、薬に頼りすぎるのは問題です。

たとえば、ちょっとした風邪で熱が出ても風邪薬に頼ります。

風邪薬は風邪を治す成分が入っているのではありません。症状である喉の炎症や咳、発熱を抑える成分が入っているのです。

本来、人間には「ホメオスタシス」という自己恒常性機能があって、病気を勝手に治してくれます。

風邪をひいて熱が出るのは、体温を上げて免疫力を高め、体の中の悪い菌をやっつけるためです。

さらにいえば、このときにガン細胞なども一緒にやっつけてくれます。だから、**ちょっとした風邪のときは解熱作用のある風邪薬に頼らず、しっかり体を温めながら休め、汗をかいた方がよい**のです。

もちろん、インフルエンザのような高熱を伴う病気は医師に相談し、必要に応じて薬を飲むことも大切です。

天が味方する「引き寄せの法則」31

❶快適すぎる環境が体温調節できない体にしてしまった
❷「ホメオスタシス」を利用して、上手に病気を治す

32

食生活を体が温まるものに変える

健康を維持するために必要なのは、体にいい食事と適切な運動です。
まずは、すぐにでも始められる食事から見直してみましょう。
なにを食べたらいいかを、簡単にご紹介します。

私が配信しているメールマガジンに「一人さんへの質問コーナー」があります。

そこに寄せられた質問の中に、「一人さんにとっての資産とはなんですか？」というものがありました。

大金持ちの一人さんがいったい、どんな資産をあげるのか、その答えを期待していると一人さんは一言で即答しました。

「自分だよ」

私はビックリするとともに、その通りだ！　と思いました。続いて答えてくれた解説に、また納得です。

「だって、何百億円も生み出しちゃう体でしょ？　これが。なにがあったってこの体があれば、何回でも立ち直るんだよね。それ以上の財産ってないよね」

（この「一人さんへの質問コーナー」は『斎藤一人　すべての悩みに答えます』〈KKロングセラーズ刊〉に詳しく収録されています）

これは一人さんだけではなく、私も、そしてあなたにも当てはまることですよね。

私たちの体は最大の資産です。体の健康あってのしあわせであり、成功なのです。

会社も健全な運営ができないとつぶれてしまいます。

車もガソリンを入れるところに灯油を入れるとか、間違った扱い方をしたらこわれてしまいますし、定期的な点検も必要です。

それと同じで、自分の体もしっかり手入れして健康を保たなくてはいけません。人によって好きなこと、やりたいことは違いますが、**どんなことをするのでも、基本になるのは体です。健康だからこそ、やりたいことができる**のです。

だからもっと、私たちは自分の健康に積極的に関わった方がよいのではないでしょうか。

自分を愛すること、自分を大切にすることとは、そういうことでもあるのです。

加圧トレーニングで45分間のランニングが可能になった！

体が健康であるために一番大切なのは、**体を冷やさないこと、温めること**です。

そのためには先にあげたように、食事などの生活習慣を改める必要があります。運動をして筋力をつけ、基礎代謝を上げることも重要なのですが、体が冷えている状態で無理に運動すると体を痛めてしまう可能性があります。

体を温める食品

野菜
根菜類(玉ねぎ、レンコン、ごぼう、人参、山芋)、生姜、ネギ、ニラ、ニンニク、かぼちゃなど

果物
りんご、ぶどう、さくらんぼ、プルーン、みかん、桃など

動物性食品
卵、赤身の魚、タコ、チーズ、あさり、レバー、小魚など

その他
栗、ごま、唐辛子、ピーナッツ、黒豆、あずきなど

調味料
粗塩、醤油、味噌、黒砂糖、はちみつ、植物油など

体を冷やす食品

野菜
レタス、きゅうり、ほうれん草、トマト、アスパラガスなど

果物
スイカ、メロン、苺、梨、マンゴー、パパイヤ、パインアップル、柿など

その他
冷凍食品、缶詰食品、防腐剤や添加物が入っている食品、カニなど

調味料
上白糖、精製甘味料、精製塩、化学調味料、香辛料(胡椒、ナツメグ、カレー粉など)

かくいう私もスポーツジムで無理をしてしまい、膝を痛めてしまったことがあります。

私の経験的には、まず**食べ物を変えていくのが一番効果的だと思います**。食べ物を変えて体質を変え、そして徐々に体を動かしていくのがいいでしょう。上の表に体を冷やす食品と温める食品をまとめました。

野菜なら根菜類（玉ねぎ、レンコン、ごぼうなど）、生姜、ネギ、ニンニク。果物ならりんご、ぶどう、みかん、桃。ごまや唐辛子、ピーナッツやあずき、卵やチーズも体を温める食品です。

また、調味料を使う場合は精製された白砂糖や精製塩、化学調味料のたぐいはなるべく使わず、天然の塩や黒砂糖を使うようにしましょう。

私の場合は、一人さんがつくってくれたあるサプリメントのおかげですごく元気です。

昨年からそのサプリを飲み始めて、それまで毎年必ず風邪をひいていたのに、今年は一度もひいていません。まわりに風邪の人がいても、全然うつりませんでした。

それと、私はこの5年間ぐらい加圧トレーニングなどの運動で体を鍛えていましたが、それでも15分間走るときつく感じていたのに、最近では走ることが苦ではなくなりました。今では毎回45分間、走っています。

さらに驚いたことがあります。

先日、機会があって人間ドックに行ってきました。その検査の結果、どこも悪いところはないと言われたのです。

病院の先生いわく、私ぐらいの年齢になればどこかしら悪いところがあって検査に引っかかるのに、どこも引っかからないのはすごいと驚かれました。

さらに、私の「体年齢」は実際の年齢よりも20歳若いと診断されたのです。

ちなみに、そのとき体温を測ってもらったら、36・8度でした。

サプリで内側から体質を変えた結果、基礎体温も上がって絶好調に運動できる体になりました。そのおかげで心も体もすごく若返ったのです。


天が味方する「引き寄せの法則」32

❶体をメンテナンスできるのは自分だけ
❷食べ物と運動で基礎体温を上げよう

33

難しいことにチャレンジし、うまくいく楽しみを味わう

あなたにとっての「楽しいこと」って、なんですか?
もしなにも思い浮かばないなら、今すぐ探し始めましょう。
ちょっと視点を変えたら、意外とすぐに見つかるかもしれませんよ。

この本の中では何度も〝楽しい〟ことが大事だと書いてきました。〝楽しい〟は最高のエネルギーを生みだし、それがしあわせに、そして成功にもつながります。

そして〝楽しい〟は健康にもいいのです。

人は楽しいと感じているとき、脳内ホルモン（神経伝達物質）であるドーパミンが分泌されます。

すると、よろこびを感じたり、記憶力ややる気も増します。さらに、血液の循環もよくなって体が温まり、免疫力も上がるのです。

逆に、心の中に〝楽しい〟がないと、不安や恐れ、心配といった、ネガティブな感情が起こります。

人が恐れを感じているときは、ノルアドレナリンという脳内ホルモンが分泌されます。

すると、血液の循環が悪くなり、体が冷えます。怖いものを見たときに顔が青ざめたり、ブルブルと震えるのはこのためです。

だから私たちは探してでも、つねに楽しいことを考えるクセをつけないといけないのです。

自分がなにをやれば楽しめるのかをつねに考え、それを習慣にすることで、本当の自分が見えてきます。

だから趣味でもなんでもいいから楽しいと思える時間を増やす。

そして、自分で〝楽しい〟のスイッチを入れる。そうすれば、そのためにも仕事をもっとがんばろうと思えるようになります。

楽しい気持ちで仕事をしていたら仕事も楽しくなりますし、楽しい人のもとには楽しい人が集まるし、楽しい出来事も引き寄せて、ますます楽しくなるのです。

難しいから楽しい

「楽しいことがなかなか見つからないんです」と言う人がいます。

こういう人は、最初から楽しさだけを求めているのかもしれません。

なかなかうまくいかないような難しいことや困難なことにチャレンジし、それがうまくいったときのよろこびや楽しさはひとしおです。

逆にいえば、最初から楽しいものは、本当の楽しさではないのかもしれません。

先日、私が長年、指圧と鍼の治療でお世話になっている先生に趣味の話を伺うと、こんな話をしてくれました。

その方はある日、時間ができたので釣りでもしようと思い、近くの釣り堀に出かけました。

釣り堀だからカンタンに釣れるだろうと思っていたのですが、なかなか釣れません。とうとう、その日は1匹も釣れませんでした。

それが悔しくて次の日もチャレンジしますが、やはり釣れません。他の釣れているお客さんに色々教わりながら、餌を変えたり、浮きから針の位置を変えたりとあれこれ工夫をするのですが、それでも釣れません。

そして3日間釣れず、4日目に魚が餌に食いついたとき、まるで地球を釣ったかのような手応えを感じました。そして釣り上げたとき、思わず涙が出たそうです。

その方はそれまで、釣り堀で魚釣りをすることをずっとバカにしていました。最初から魚がいるとわかっているところなら、だれにでも釣れると思っていたのです。

でも実際にはなかなか釣れず、魚の習性や竿を引くタイミングなどを色々研究し、ようやく釣れたとき、宇宙と一体化したような、そんな感動を覚えたのです。

そして、「これまで釣り堀での魚釣りをバカにしてスミマセンでした！」と心の中で詫びたそうです（笑）。

それからというものすっかり釣りにはまってしまい、今では仕事が休みのときに釣りに行くことが、なによりの楽しみなのだそうです。

釣りに限らず、趣味というのはやればやるほど奥が深く、だんだん難しくなるけれど、それを乗り越えたときのよろこびはなにものにも代え難いものがありますよね。

趣味だけではなく、何事にもチャレンジするよろこびや楽しさを見つけられたら、それに勝るものはありません。


天が味方する「引き寄せの法則」33

❶〝楽しい〟のスイッチは自分で入れる
❷何事にもチャレンジするよろこびや楽しさを味わう

34

笑顔を鍛える

鏡の前で、満面の笑みを浮かべてみましょう。
あなたの内面の魅力が伝わるステキな笑顔になっていますか？
もし「自信がない」と思うなら、今すぐ練習を始めましょう。

エネルギーあふれる体をつくるためには、内面的な健康が大切なのは言うまでもありません。

でも、その内面的なことを活かすためには、外面的なことも大事です。

楽しさというのも、ただ自分だけが楽しいという内面的な楽しさだけではなく、外面的に相手から見ても楽しいということが必要なのです。

たとえばどんなにキレイな心をしていても、着ているものが汚いと、そのキレイな心が活かされません。

大切なのは、**相手からどう見えるか**ということです。

だから、服を着るなら暗い色より明るい色を身につけましょう。その方が自分も明るく見せられますし、その服を見る相手の心も明るくできます。それと、値段は安くてもいいのでどうせなら高そうに見える服を選びましょう。

ブランド物をもつのも1つの選択です。

ブランド物には人を魅了するエネルギーがあります。

ルイ・ヴィトンやシャネルのバッグをもっているだけで、その人の印象も変わってくるのです。

ファッションは自分の心も明るくなり楽しくなるもので、さらに相手の気持ちも明るく、楽しくさせるものを選ぶのが一番です。

鏡を見ながら1分間笑顔をつくる

ファッションも大切ですが、それよりもっと外面的に重要なことがあります。

それは〝**笑顔**〟です。

どれだけ相手のことを想っていても、顔が怒っていたら気持ちは通じませんよね。

それに、笑顔は〝タダ〟です。

笑顔にしているだけで自分の気持ちは楽しくなりますし、相手の心も楽しくさせます。

笑顔ほど、〝やり得（徳）〟なものはありません。

普段からブスッとしていると、笑顔をつくるための筋肉が衰えて、いざというときにステキな笑顔ができません。

だから、普段から**鏡を見ながら自分の笑顔を鍛える**ことも必要です。

そうやってあなたの内面と外面の両方が伴ったとき、あなたの真の魅力が発揮されるのです。

天が味方する「引き寄せの法則」 34

❶明るく高そうな服を選んで着る

❷ステキな笑顔をつくる練習をする

35

エネルギーが引き寄せた感動の物語

本書を通じて、あなたのエネルギーは、今増えつつあります。
ときには、そのエネルギーが何倍にも増えるケースがあります。
最後に、実際にあった感動の物語をお伝えしましょう。

本章では健康とエネルギーの関係について述べてきましたが、エネルギーが足りないと体調にも影響が出てきますし、逆に体調が悪いとエネルギーもどんどん下がってきて、引き寄せてくるものまで変わってしまいます。

本書の最後に、エネルギーを高めることで、心身ともに元気になり、しあわせとよろこびにあふれた、豊かで楽しい人生を引き寄せたAさんのエピソードをご紹介します。

〝圧40連発〟のおかげでエネルギーが上がり、奇跡が起きた！

大阪の、まるかんのお店の愛弟子さん、設計士のAさん（女性）は、あるとき腱鞘炎で手首が動かなくなり、3ヵ月の休職を余儀なくされ、もう復帰は無理かも……という状況に追い込まれました。

それだけでなく、上司がつらく当たってくることに悩んでいて、どうしたらもっとうまくやっていけるのだろう……と日々落ち込んでいました。

そんなとき、まるかんのお店と出会います。手首への対策としては、サプリで中から栄養を摂り、外からクリームを塗ることを知りました。

さらにぐ～っと下がっていたエネルギーを上げるために、顔にツヤを出し、天国言葉を言い、〝圧40連発〟をやることなどを教わります。

それを毎日続けていると、いつしか手首の痛みがなくなり、仕事へ復帰できることになったのです。

自分でも、「私、こんなにエネルギー高かったかな」と思うほど、内からエネルギーが出ているのがわかったとAさんは言います。上司の存在もまったく気にならなくなり、とにかく毎日仕事ができることに感謝し、楽しく精一杯やっていたそうです。

するとあるとき、会社の超重役から、大きな設計の仕事にかかわってほしいという申し出がやってきたのです。自分にできるだろうか……と思いつつ、口から出ていたのは、もう日常になっていた天国言葉「よろこんでやらせていただきます！　感謝いたします！」

なんと、その売り上げが上半期で3億円達成！　もちろん過去に例のないことで、Aさんは功績が認められ、大出世することになりました。

それだけでなく、趣味でやっていたテディベア制作においても、人気を呼び始め、大型百貨店内で販売させてもらえることになった、ということなのです。

自分をいじめた人に感謝する

私は感激のあまり、Aさんにこう言いました。「Aさんすごいね！　Aさんの巻き起こしたいいエネルギーが、さらにどんどんいいことを引き寄せているんだね」

「ありがとうございます、恵美子社長！　……でも実は……」

そのとき、光り輝いていたAさんの笑顔に、影が差しました。

「実は私、小さい頃からいじめられていて、ばい菌とか言われて、臭いから近寄るなって殴られたり蹴られたり、いつもひとりぼっちで孤独、死んじゃいたいって思っていました。大人になってからも、挨拶しただけでツバをかけられたり、どこへ行っても気持ち悪がられちゃって……。

今の会社でも復帰前は、厳しい上司だったというより、いじめに遭っていたんです……。お前の顔を見たくないからと、ついたてを置かれたりしていました。

まるかんに来るまでは不眠症で、10年くらい心療内科に通院していて、精神安定剤も飲んでいました」

と。私は、つらいことを打ち明けてくれたAさんに、こう言いました。

「Aさん、今までよくがんばってきたね、本当えらいね。普通だったら、自分だけどうしてこんな目に遭うんだろう、私が何をしたっていうんだろうって、内にとじこもっちゃうよね。

それなのにAさんは、自分をひどい目に遭わせた人にまで、笑顔や天国言葉という豊かなエネルギーを与えたよね。すごいエネルギーを巻き起こしたんだよ。その証拠に、神様がたくさん大きな〝○〟をくれているよね」

するとAさんの顔に、さっきよりもっと大きな光が差し、笑顔がはじけました。

「はいっ！　私、今まで自分をいじめてきた人に、感謝ができるようになったんです。今私のまわりに、いじわるをする人は1人もいません。いい人ばかりなんです」

Aさんは、これからますます豊かに楽しく、垂直に成功していかれることと思います。その源にあったものは、まさに豊かなエネルギー。

たとえどんな環境にあっても、豊かさを巻き起こすエネルギーは、本当はだれにでもあるのだということを、Aさんは教えてくれました。

そして今は、職場でもどこでも、一人さんを知って、しあわせな人を1人でも多くつくりたいという思いで、笑顔や天国言葉、一人さんの教えを広めているということなのです。

一人さんの言葉はエネルギーにあふれている

「恵美子社長は、どこからそんなエネルギーがわき出てくるのですか」と聞かれることがよくあります。

私は講演会で何時間も立ちっぱなしで、一人さんの話をさせてもらったあとに、懇親会に行って、さらに質問に答えたり、相談にのったりしているうちに日付けが変わることがよくあります。

ところが、全然疲れないのです。声がかれたり、立っていた分だけ足がだるくなることはあっても、気持ちが落ちこんだり、元気や、やる気がなくなったりすることはありません。

どうしてこんなにエネルギーがわき出てくるのだろうと考えたときに、一人さんの言葉って、どれを取っても楽しくわかりやすく前向きで、言葉自体からエネルギーがあふれ出ているからなのだと思います。

そして、せっかく出会えた目の前の人が困っていたら、少しでも心軽くしてあげたい、よろこぶ顔が見たい、知らせることだけでもしたい、そう思うと、疲れなんてどこかに消えてしまっているのです。

それは私だけではなく、一人さんのもとに集った仲間たち、みんながそうだと思います。

必ずどこかで挑戦している仲間がいる

一歩踏み出してなにかに挑戦しているとき、なかなかうまくいかないことがあります。

自分は変わることができても、まわりの人が変わらずに、なんでだろう、どうしてわかってくれないのだろうと、もどかしくなることがあります。

そんなときも必ずどこかで、**一歩踏み出して挑戦している仲間がいる**のです。

一人さんが、「山を登り始めるとね、始めはいろんな人がいるんだよ。あなたを否定する人も反対する人もいるんだよ。それでも登り続けてごらん。そうしたら頂上に近付くにつれて、同じように挑戦している人、同じ思いを持った人がどんどん出てくるから」と言います。

今日も一歩踏み出して挑戦。

そんなあなたの姿が何より美しく、輝いているのです。

天が味方する「引き寄せの法則」35

❶ **顔にツヤを出し、天国言葉を言い、〝圧40連発〟をやることで奇跡が起きた**

❷ **笑顔や天国言葉はすごいエネルギーを巻き起こす**

❸ **挑戦し続けることで人生は変わる**

スペシャルメッセージ

次に紹介するお話は、一人さんが特別に書き下ろしてくれたものです。

本書のテーマである「エネルギー」を与えるためにも、また、奪われないためにもぜひ、知っておいてほしい話なので、一人さんにお願いしてこの本に載せさせていただきました。

また、自分に起きた問題を解決するためにも非常に役立ちます。

ぜひ、何度も読んでご活用くださいね。

特別付録

人の相談にのるときに知っておいてほしい話

斎藤一人

この世の中で起きるすべての問題には、その内容の困難さや出来事の大小にかかわらず、共通していることがあります。

それは、**必ず最後には〝なんとかなる〟か〝どうにかなる〟**。

この2つは明確なる〝答え〟なんです。

たとえばカンタンな例でいうと、「この本はこの人の役に立つな」と思って勧めても、一所懸命に読んでくれる人もいれば、まったく読もうとしない人もいる。

それで、一所懸命に読んでくれる人はそこから学びを得て、問題を解決できる人なんです。

そしてまったく読もうとしない人は、読まなくてもどうにかなる人。

だから両方とも〝なんとかなる〟か〝どうにかなる〟。これが基準です。

この世で〝なんとかできる〟のは自分のことだけ

この世でなんとかできるのは、自分のことだけなんです。

だから、自分のことは自分でなんとかするの。他人《ひと》のことはどうにもならないんだよ。

それで、他人はどうにもならないかというと、なんとかなる。

「この人たち、放っておくと大変なことになっちゃうんじゃないか」っていうような人でも、見てるとそうならないの。

たとえば、まったく経済観念がない経営者がいて、「この人、大丈夫かな？」って思うけど、そういう人は経営者に向かないの。

だからしばらくすると、その会社はなくなって、その経営者は働きに出ることになったりしてるんだよね。

物事って、一番いいかたちに流れていくようになっているんだよ。

多くの人は「商売が続くことがいい」という固定観念があるんだけど、商売に向かない人が商売を続けていてもしようがないんだよ。

だから経営者に向かない人が商売をしていると、自然とお店がなくなって勤めにいくことになっているの。

そういう人は、経営者には向かないかもしれないけど、勤め人ならなんとかなって、お給料もらって生活できたりするんだよね。

だから、人は必ずなんとかなる。

この世の中は必ず〝なんとかなる〟か〝どうにかなる〟ということを知らないと、勝手に思い詰めて自殺しちゃう人が出ちゃうの。

でも自殺しても魂は死なないから、また学び直すために生まれ変わってくるだけなの。だから、たとえ死んだとしてもなんとかなるんです。

人は〝悩んでる〟のではなく、〝学んでる〟

〝なんとかなる〟ということを基準にして見てないときりがないからね。自分の悩みを解決できたとしても、世の中には悩んでいる人は山ほどいるから。

でも、人は悩んでるんじゃなくて、学んでるの。

その人にとって必要なことを、その出来事を通じて学んでるんです。

そしてどんな問題も、その人にとって最善の方法で、自然の流れでいい方に行くの。

それを「自分が決めて始めたことなんだから、途中であきらめたらダメだ！」とかって、自分の価値観を相手に押し付ける人がいるんだよね。

スポーツで全国大会に出るような人は、出た方がいいから出られるの。

逆に、出られない人は出ない方がいいんだよ。

世の中というのは、「必ずなんとかなるんだ」という目で見てないと、苦労が絶えないからね。

自分のことは自分でなんとかするの。そして、他人のことは「なんとかなる」と思って見てないとダメなんです。

人の言うことを聞く人も聞かない人も神様は見守っている

人からいろんなことを教えてもらっても、聞いてばかりでなにもしない人がいます。

よく「そういう人はゆるせません」っていう人がいるんだけど、でも私に言わせると、そういう人って今世では、とりあえず聞いてるだけで十分。

そういう人ってもしかしたら、前世では人の話をまったく聞かなかったのかもしれないの。

それが今世では人の話を聞くことができたんだから。来世になったらそのことを活かせるようになるかもしれない。

だから今世は聞いてるだけで十分なの。

中には聞いてすぐに実行できる人もいるの。

聞いてすぐに実行できる人は、それだけ学びが早いということ。

だから学ぶのが早いか遅いかの問題だけで、必ず最後にはなんとかなる。すべてはうまくいくようになっているの。

それに、人の言うことを聞く人も聞かない人も、ともに神様は見守ってくれているからね。それで、その人にとって最適な学ぶ機会を与えてくれているの。

言うことを聞かない人はその人の〝さだめ〟

こういうふうに考えるのが、結局、自分にとっても、相手にとっても一番いいの。

人の相談を聞くたびに「どうにかしよう」「なんとかしよう」とか思うと、自分にストレスがかかって、自分まで悩みだしちゃうからね。

そうなると、相手も助からない上にあなたにもストレスがかかって大変なだけ。

だから「言うことを聞かない人が出てきたらどうすればいいんですか？」っていうと、そういう人は言うことを聞かない方がいいの。


人の言うことを聞かないとどうなるかを、身をもって試しているの。

そして、そこから学ぼうとしてるんです。

とにかく人は、〝どうにかなる〟か〝なんとかなる〟。

言うことを聞かない人は、そういう〝さだめ〟なんです。

聞いてもやらないという〝さだめ〟の中で、一所懸命に学んでるんだよね。

一休さんが残したメッセージ

あの「とんち」で有名な一休さんが、死ぬ前に、残されたお寺の人たちに「よくよく困ったらこのふたを開けなさい」と言って、1つの箱を手渡しました。

その後、大変なことが起こったときに、お寺の人がその箱のふたを開けてみたら、中には1枚の紙切れが入っていました。

そしてそこには**「どうにかなる」って書いてあったんです。**

世の中、必ずなんとかなる。

それはいい加減で言ってるのではありません。

なんとかなるように、この世はできてるんです。それが神の摂理なんです。

だから「この人、このまま放っておくと大変なことになっちゃう」と思う人がいても、必ずどうにかなるんだよ。

そういったことを前提にして人の話を聞かないと、聞いた人が他人の重荷を背負っちゃうからね。

なぜ人生がうまくいかない人がいるのか？

人の相談にのるのって、ある意味ボランティアみたいなものなの。

だって、みんな無償で話を聞いて、アドバイスをしてくれるんだよね。

だからといって、相談する人はそのことに甘えてはいけないよ。

してもらったアドバイスを聞いて実践して、「よくなりました。ありがとうございます」って言うならわかるけど、毎回、同じような悩みを相手にぶつけて、それでアドバイスを全然聞かない。

それって自分は悩んでるのかもしれないけど、相談相手には迷惑をかけてるのと一緒なの。

そのぐらいのことに気がつかないから人生がうまくいかないんだよ。

自分の悩みばっかり言ってないで、相手を悩ませないことも考える。そんなことでもわかりだしてくると、少しずつでも必ず人生がよくなるの。

相談にのる方も「かわいそうな人だから……」って言うけど、かわいそうなのは迷惑をかけられているあなたであって、あちこちに迷惑をかけてる人に対して「かわいそうだ」っていう考え方をしていると、間違いが間違いを呼ぶの。

なにが正しくてなにが間違っているかをちゃんと、相手に教えてあげないとダメだよ。

それから話を聞く方は相手の悩みを聞いて、それで自分も悩んで暗くなっていてはいけないよ。悩みを聞いてあげて、相手が明るくならないとダメなんだよ。

話を聞いてあなたが暗くなるんだったら、その話を聞かない方がいいよ。相談にのるときは自分の心を晴れ晴れとさせて、相手の心も晴れ晴れとさせる。それが正しい相談ののり方だからね。

それから、ただ同調したり、同情したりして、相手の悩みをもらっちゃいけないよ。

自分の晴れ晴れとした気持ちに相手を同調させることこそ、正しい相談のあり方だからね。

人の話を聞かない人への対処法

人が抱えている問題をすべて解決してあげようと思うことは大切だけど、あまり完璧を目指すと自分が疲れちゃうからやめた方がいいよ。

相手がストレスを抱えているとするよね。そのストレスが、たとえば水のように100度で沸騰するとすれば、私たちは相手の相談にのってあげることで、それを99度にしてあげることはできるの。それで十分なんだよ。

そもそも、ストレスがなくなるまで相手をいい気分にするって無理なの。そんなことを考えていると自分にストレスがたまっちゃうから。

だからまず人の相談を受けるときに、「なんとかなる」と思っていればいいの。

人の相談を受けるときに、この人は「なんとかなる」とか「どうにかなる」って思ってないと、相談を受けるたびに自分がつぶれちゃうからね。

それから、「この人はどうにもならない」って送りだすと、「どうにもならないっていう波動」を背負わせることになるの。

だからそういう人は、「私の助言を聞かなくてもどうにかなる人なんだ」って送りだしてあげないとダメなんだよ。

一番いけないのは、相手が自分の話を聞かないからといって、「この人は私の言うことを聞かないからどうなってもいいんだ」っていうような、捨て台詞を吐いたりしてはいけないの。

そういう人がいたら**「この人は私の助言がなくてもどうにかなる人なんだ」って信じて送りだしてあげないとダメなんだよ。**

そのことが相手のためにもなり、自分のためにもなるんだからね。

人の話を聞かない人って、聞かなくてもどうにかなるって思ってるんだよね。だから、そういう人は「偉いね」って送りだしてあげればいいんだよ。

多少のストレスはあった方がいい

相談を受ける側の自分がストレスを抱えていると、どうしてもそれが相手に影響してしまうからね。

だから、相談を受けるときは、**できるだけストレスのない状態で聞いてあげるのがいいよ。**

じゃあ、自分のストレスの解消法をどうすればいいかというと、起きている現象に対してストレスを感じないようにすればいいの。

たとえば100のストレスがあったとすると、それを50だと思うとか、自分が50強くなると100のストレスも50にしか感じなくなるんだよね。

それと、**起きた出来事に対して、これは絶対自分にとっていいことなんだと思えたら、もう心が負けてないの。**

あとね、ストレスが起きるとストレスが悪いと思うけど、多少のストレスがあった方が人は元気なんだと思うと、ストレスがストレスじゃなくなるの。

つまり、起きたことに対する捉え方を変えればいいだけなんだよね。

それと、あまりにも自分が弱いと、どんな些細なことが起きてもストレスを感じちゃうからね。

だからそんなときは圧を上げて、自分を強くする必要がある。自分の圧が50だった人が100になれば、50のストレスは感じなくなるからね。

悩んでもうまくいかないときは悩むのをやめる

悩みがあってそのことが苦しいんだとしたら、その苦しみは〝間違い〟を知らせるサインなの。

正しかったら楽なんだよ。苦しいということ自体が、間違ってることを証明しているの。

だから相談者が苦しんでいたら、その苦しみを生んでいる原因が間違いにあることに気づかせてあげなきゃいけないね。

ただ、それが長年もち続けてきた価値観や固定観念だと、なかなか自分の間違いに気づけないんだよね。

このあいだ、「息子のことで悩んでいます」と言う人が来たの。

私はその方に、**「もう悩むのやめたら?」って言ったの。**それに、息子さんは必ずなんとかなるし、どうにかなるからって。

そしたら「息子のことで悩まなくてもいいんですか?」と言って驚いていました。

「親は子どものことで悩まないといけない」っていうのも間違った固定観念なの。

もちろん、「親は子どもの心配をしなくていい」と言っているわけじゃないけど、ただ悩むだけだと問題解決しないし、苦しいこと自体が間違いなんだと言いたいの。

息子のことで悩むことが楽しいのか、それとも悩まない方が楽しいのかと考えて、楽しい方が正しいの。

その方は今まで息子のことでさんざん悩んできて、それでもうまくいかなかったんだよね。それは、息子のことをほったらかしてはいけないと思ってたからなの。

でも、**その通りやってきてうまくいかなかったの。うまくいかなかったのに「正しい」って言い張るんだとしたら、それはおかしいんだよね。**

正しければしあわせなの。しあわせじゃないのに正しいって言い張ってるのはおかしいの。間違いはいくら集めても間違いだから、苦しくなるだけだよ。

本当のことを言ってもめるなら、ウソをついた方がいい

親子関係の問題で、私がよくアドバイスすることがあります。

たとえば「私は親が嫌いなんです」と言う人には、「いくら親が嫌いでも、口に出して『親が嫌いだ』って言っちゃいけないよ」ということ。

それで「ウソをついていいんですか？」って言われるけど、**本当のことを言ってもめるぐらいだったら、ウソをついた方がいいの。**

「ウチの親はこうで……」とか言って、それが苦しいんだとしたら、それは間違いなの。

なにかの精神論で「親はこうあるべき」とか「子はこうあるべき」と言ってたからって言うけど、その精神論が本当に正しかったら清々《すがすが》しいんだよ。

それが苦しかったらやっぱり、間違いなんだよ。苦しいのに正しい、正しいって言ってるのはおかしいの。どこか基本的なことが間違ってるの。

親の悪いところをいくら並べたってあなたがしあわせになれないということは、もうすでに、あなたが実験済みなんだよね。

神様が願っていることはたった1つ

親からの相談で一番多いのは「子どもが言うことを聞きません」ということ。

小さい頃は素直で親の言うことを聞く子だったのに、中学生や高校生、さらには大人になって言うことを聞かなくなったって言うの。

これの一番の原因は、子どもが親のことを恨んでるからなんだよ。間違った常識を教え込まれたことに怒ってるんだよ。

「いい子にしなさい」とか、「みんなと仲良くするんだよ」と、親に言われた通りにしてたのに、その子はまわりからいじめられたりしたの。

親から言われた通りにやったのにそれがことごとくうまくいかなかったから、そのことで親を恨んでるんだよ。

だけど、「子どもが親に仕返しをしてもいいんですか?」っていうと、そうじゃないの。気がついた方からやめればいいの。

たとえば「あんたが私のことを恨んでるのは私が間違ってるからだよね。それは私ができの悪い母親だからだよ。それで、できの悪い母親から生まれたあなたもできが悪いの。だからいつまでも親のことを恨んでるんだよね。でも私はそのことに気づいたからしあわせになるよ」って言えばいいの。

つまり、だれかがしあわせになればいいんだよ。父親と母親と子どもで糸が絡んでたら、だれかがそこから抜ければいいの。

神が願うことはたった1つなの。それは、**「1人でも多く、しあわせな人間を増やす」ということ**。だから、3人不幸なら、まずはだれか1人でも抜けだせばいい。そしたらこの世から不幸な人間が1人減るんだよね。

息子は息子で、自分がしあわせになることを考えればいいの。

この世で一人ひとりが自分のことをしあわせにしたら、この世から不幸な人はいなくなるんだよ。

とにかく**気づいた人が猛然としあわせになればいいの**。そうすれば世の中から1人ずつ不幸な人がいなくなるの。

そしてしあわせになったら、そのやり方を人に教えてあげな。そうすれば、しあわせの輪がどんどん広がっていくからね。

神様はすべての人にしあわせになってほしい

人から相談を受けると、そのことを引きずってしまう人がいます。たとえば人の話を聞いて同情し、涙を流す人っていい人なんです。でもそれは普通の人なの。

人の相談にのってなんとかしてあげようっていうのは、普通以上のことなの。だから普通以上にならないとダメだよね。

普通以上になるためには、普通以上の考え方をしなくちゃいけないよ。たとえば、社長は社員の手本になるべく〝まじめ〟でないとダメだと思うかもしれない。これは普通の考えです。

私は社長だけど、ほとんど会社には行きません。普通に考えれば、とても〝不まじめ〟な社長といえます。それでも私は納税で日本一になれました。

自分でいうのもなんですが、私はすごく女性にモテます。ではなぜ私がそんなにモテるかというと、私が〝誠実〟だから（笑）。

ただここでいう〝誠実〟と、あなたが考える〝誠実〟は少し違うんだよね。

男は「女とお金」が好き。女は「男とお金とおしゃれ」が好き。それは、神がつけてくれたものなの。だから私は、その神がつけてくれたものに対して〝誠実〟に生きているの。

それを「お金は汚いものだ」とか「人前であまり目立たないためにもおしゃれしちゃいけない」とか「浮気しちゃいけない」とか、それらは全部神様がつけてくれたものなのに、多くの人はそれに逆らって生きてるんだよ。

だから言う方も、言われる方も苦しくなるんだよ。

もしあなたが普通のしあわせを望むなら、世間がいうような普通の考え方でいいよ。

でもそれでしあわせになれないんだとしたら、それは「普通以上の生き方をしなさい」という神の合図かもしれません。

それに普通って結構、つらいからね。

世間のいう普通通りにみんなが上の成績を目指しても、学校で一番になれるのはたった1人だよ。

いい成績をとって、いい学校に入って、いい会社に入るのがしあわせなんだったら、その競争に勝った人しかしあわせになれないことになるでしょ。

神はすべての人にしあわせになってほしいの。そのためにいろんな〝道具〟を神は私たちにつけてくれたの。〝欲〟もそのうちの1つだからね。

だから**私たちは神からもらった道具を使いこなして、しあわせになる方法を考えないとダメなんです。**

1つのことをしてダメだったら、なんでもいいから変えてみる

問題を解決するために一番大切なことは、具体的に〝行動する〟こと。

この地球という星は〝行動の星〟です。行動することによって、そのことが正しいかどうかがわかる場所なのです。

行動できない人というのは、行動すると失敗すると思ってるんです。

ところが、行動しないこと自体がこの星では失敗なの。

行動してうまくいかないときは改良すればいいの。

改良し続けていれば、それは失敗じゃなくて、成功するための準備であり、「この方法ではうまくいかない」ということを発見できたの。

行動の星でよく考えて行動すると、どんどん成功します。

女性や男性にモテないのも同じです。

モテない人ってどういう人かっていうと、モテないのにその自分を変えようとしないの。

1つのことをしてダメだったら、それと同じことをしていてはダメなの。なんでもいいから、なにか変えないといけないんです。

なにも変えないで出かけていく人には魅力がないからね。

魅力とは考え方なの。その考え方とは向上心なの。うまくいかないこと、悪いことを、なにか変えようとして行動しないこと自体に魅力がない。

それをやれモテ期だとか、自分の〝さだめ〟だとかって言うけど、そこに努力が見られなければ、なにをやってもうまくいかないの。

人間は改良していってだんだんよくなる生き物なの。何も変えないで出かけていく方がおかしいんだよ。

「私ももう、歳だから」って言うけど、20歳のときにモテたとしたら、40歳になったらもっとモテないとダメなの。60歳になったらさらにモテないとダメなの。

人間国宝とか一流の人の作品は、50歳のときの作品よりも60歳のときの方がいいんだよ。

歳をとるとだんだん〝よくなくなる〟っていう考え方がまずおかしい。

20歳のときにモテて50歳になってモテないんだとしたら、その30年間はなにか間違ったことをしていたことになるの。

成功の反対は失敗ではない。行動し、挑戦し続けよう

最後までお読みいただき、本当にありがとうございます。

こうして1冊の本を書き終えるたびに思うのは、「私もまだまだ未熟だなぁ」ということです。

本に書かれていることすべてを私が実践できているわけではありません。

中には自戒の念を込めて書かせてもらったこともあります。

その反面、「私もまだまだ成長できるなぁ」とも思うのです。

その理由は、私がまだまだ未熟だから。

未熟とは、**〝まだ熟していない〟ということ**です。だから、**まだまだ成長することができます。**

そして、**「成長したい！」と思うことが一番のエネルギーになる**のです。

ときには失敗し、落ち込み、「もうダメだ！」と思うことがあるかもしれません。

でもそこで悩むのは、あなたの心の奥に「もっと成長したい！」という気持ちがあるからです。

どんなに苦しくても、どんなに困難でも、あなたには「一歩を踏み出せる勇気」というエネルギーがあることを忘れないでください。

成功の反対は失敗ではありません。

失敗してもそこからなにかを学べば、それは成功の種となります。

行動の星で行動しないこと、挑戦をやめてしまうことこそが、成功とは真逆のことなのです。

この本が、あなたの中にある膨大なエネルギーを知るキッカケになり、その良きエネルギーが、あなたにすべての良きことを雪崩のごとく引き寄せることを、私は心から願っています。

平成26年6月吉日

柴村恵美子

一人さんファンのみなさまへお願いです

「まるかん」では、お買い上げの金額によって、ステキなキラキラペンダントを、「まるかん仲間」の象徴として、プレゼントしています。

このキラキラペンダントに特別な力を期待して、商品をお買い上げになっても、そのようなことはありません。

万が一、キラキラペンダントの不思議な力を期待して商品をお買い上げになった方は、商品をお返しいただければ（未開封・消費期限内のもののみとさせていただきます）、お金を全額お返しいたします。ご遠慮なくお申しつけください。

商品を購入したお店に返しづらいようでしたら、本部までご遠慮なくお知らせください。

［商品お客さま窓口］
0120-497-285

斎藤一人さんの公式ホームページ

http://saitouhitori.jp/

一人さんが毎日あなたのために、ついてる言葉を、日替わりで載せてくれています。ときには、一人さんからのメッセージも入りますので、ぜひ、遊びにきてください。

お弟子さんたちの楽しい会

- **斎藤一人　感謝の会――――――――――会長　遠藤忠夫**
  http://www.tadao-nobuyuki.com/
- **斎藤一人　一番弟子―――――――――――――柴村恵美子**
  ブログ　http://ameblo.jp/tuiteru-emiko/
  フェイスブック　https://www.facebook.com/shibamura.emiko/
- **斎藤一人・柴村恵美子会**
  http://www.shibamura-emiko.jp/
- **斎藤一人　きらきら☆つやこの会――会長　舛岡はなゑ**
  http://www.kirakira-tsuyakohanae.info/
- **斎藤一人　人の幸せを願う会――――――会長　宇野信行**
  http://www.tadao-nobuyuki.com/
- **斎藤一人　楽しい仁義の会――――――会長　宮本真由美**
  http://www.lovelymayumi.info/
- **斎藤一人　今日はいい日だの会―――――会長　千葉純一**
  http://chibatai.jp/
- **斎藤一人　ほめ道――――――――家元　みっちゃん先生**
  http://www.hitorisantominnagaiku.info/
- **斎藤一人　今日一日、奉仕のつもりで働く会――会長　芦川勝代**
  http://www.maachan.com

ひとりさんファンの集まるお店

全国から一人さんファンの集まるお店があります。みんな一人さんの本の話をしたり、ＣＤの話をしたりして楽しいときを過ごしています。近くまで来たら、ぜひ、遊びに来てください。ただし、申し訳ありませんが、一人さんの本を読むか、ＣＤを聞いてファンになった人しか入れません。

新店住所：東京都葛飾区新小岩1-54-5　１Ｆ　電話：03-3654-4949
行き方：ＪＲ新小岩駅南口のルミエール商店街を直進。歩いて約３分
営業時間：朝10時から夜８時まで。年中無休

ひとりさんよりお知らせ

今度、私のお姉さんが千葉で「ひとりさんファンの集まるお店」というのを始めました。
みんなで楽しく、一日を過ごせるお店を目指しています。
とてもやさしいお姉さんですから、ぜひ、遊びに行ってください。

行き方：ＪＲ千葉駅から総武本線・成東駅下車、徒歩７分
住所：千葉県山武市和田353-2　電話：0475-82-4426
定休日：月・金
営業時間：午前10時〜午後４時

各地のひとりさんスポット

ひとりさん観音：瑞宝山　総林寺
住所：北海道河東郡上士幌町字上士幌東４線247番地
電話：01564-2-2523
ついてる鳥居：最上三十三観音第二番　山寺千手院
住所：山形県山形市大字山寺 4753　電話：023-695-2845

観音様までの楽しいマップ

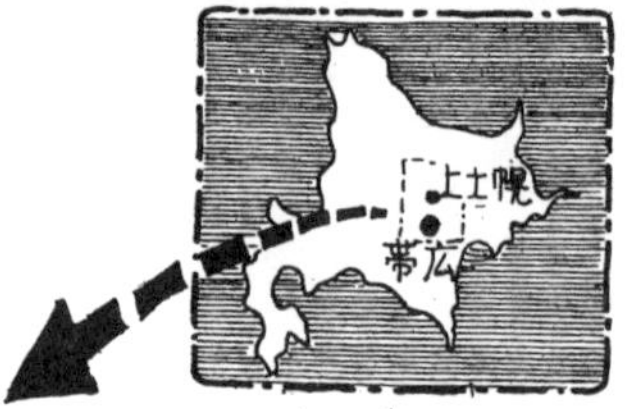

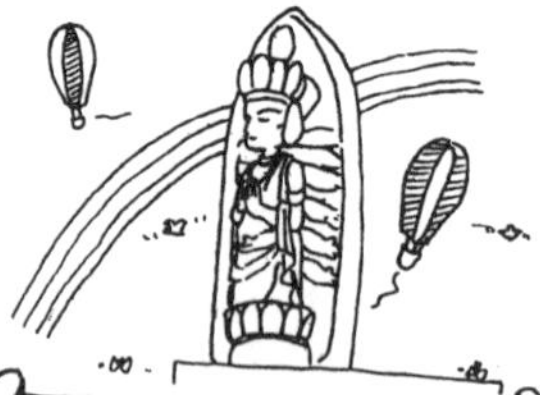

★観音様

ひとりさんの寄付により、夜になるとライトアップして、観音様がオレンジ色に浮かびあがり、幻想的です。

③上士幌

上士幌町は柴村恵美子が生まれた町。そしてバルーンの町で有名です。8月上旬になると、全国からバルーンミストが大集合。様々な競技に腕を競い合います。体験試乗もできます。ひとりさんが、安全に楽しく気球に乗れるようにと願いを込めて観音様の手に気球をのせています。

①愛国←→幸福駅

『愛の国から幸福へ』この切符を手にすると幸せを手にするといわれ、スゴイ人気です。ここでとれるじゃがいも・野菜・etcは幸せを呼ぶ食物かも‼特にとうもろこしのとれる季節には、もぎたてをその場で茹でて売っていることもあり、あまりのおいしさに幸せを感じちゃいます。

②十勝ワイン(池田駅)

ひとりさんは、ワイン通といわれています。そのひとりさんが大好きな十勝ワインを売っている十勝ワイン城があります。
★十勝はあずきが有名で『赤い宝石』と呼ばれています。

④ナイタイ高原

ナイタイ高原は、日本一広く大きい牧場です。牛や馬、そして羊もたくさんいちゃうのヨ。そこから見渡す景色は雄大で感動‼の一言です。ひとりさんも好きなこの場所は行ってみる価値あり。

牧場の一番てっぺんにはロッジがあります(レストラン有)。そこで、ジンギスカン焼肉・バーベキューをしながらビールを飲むとオイシイヨ‼とってもハッピーになれちゃいます。それにソフトクリームがメーチャオイシイ。2ケはいけちゃいますヨ。

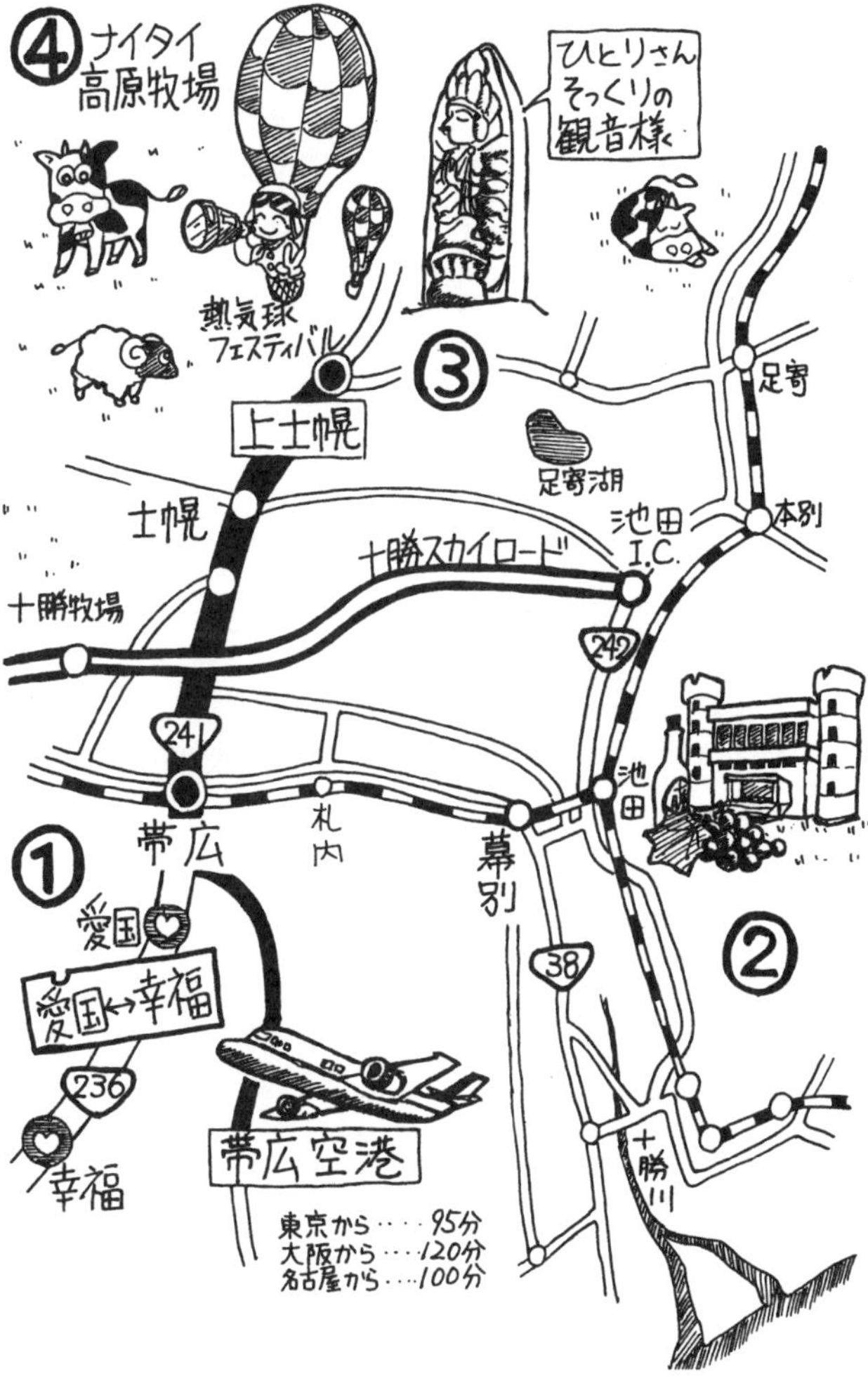
④ナイタイ高原牧場
熱気球フェスティバル
ひとりさんそっくりの観音様
③
上士幌
足寄
足寄湖
士幌
十勝スカイロード
池田I.C.
本別
十勝牧場
242
241
池田
帯広
札内
幕別
①
愛国
愛国↔幸福
②
38
236
幸福
帯広空港
十勝川
東京から……95分
大阪から……120分
名古屋から……100分

〈著者紹介〉

柴村恵美子（しばむら　えみこ）

斎藤一人さんの一番弟子。銀座まるかん柴村グループ代表。北海道生まれ。18歳のとき指圧の専門学校で、斎藤一人さんと出会います。

数年後、一人さんの肯定的かつ魅力的な考え方に共感し、一番弟子としてまるかんの仕事をスタート。以来、東京や大阪をはじめとする、13都道府県のエリアを任され、統括するようになりました。また、一人さんが全国高額納税者番付で１位になったとき、全国86位の快挙を果たしました。

現在に至るまで、斎藤氏の教えを自ら実践し、広めています。

主な著書に『器』『運』『天』（以上、斎藤一人氏との共著、サンマーク出版）、『斎藤一人の不思議な「しあわせ法則」』（だいわ文庫）、『斎藤一人の不思議な魅力論』（ＰＨＰ文庫）、『新版 斎藤一人 奇跡を呼び起こす「魅力」の成功法則』（文庫ぎんが堂）などがあります。

＜柴村恵美子　公式ブログ＞
http://ameblo.jp/tuiteru-emiko/

＜フェイスブック＞
https://www.facebook.com/shibamura.emiko/

斎藤一人　天が味方する「引き寄せの法則」

2014年7月8日　第1版第1刷発行
2016年11月1日　第1版第21刷発行

著　者　柴村恵美子
発行者　岡　修平
発行所　株式会社ＰＨＰ研究所

東京本部　〒135-8137　江東区豊洲5-6-52
ビジネス出版部　☎03-3520-9619(編集)
普及一部　☎03-3520-9630(販売)
京都本部　〒601-8411　京都市南区西九条北ノ内町11

PHP INTERFACE　http://www.php.co.jp/

組　版　株式会社PHPエディターズ・グループ
印刷所　株式会社精興社
製本所　株式会社大進堂

ISBN978-4-569-81904-4

PHPの本

イヤな気持ちから自分を守れ！

感情を自在にコントロールする極意

潮凪洋介 著

イライラ・クヨクヨとはオサラバ！　湧き上がるイヤな感情を受け止めて上手にかわせ！　いい人をやめてもっとわがままに生きるヒント。

定価　本体八一五円（税別）

PHPの本

世界No. 1カリスマ・コーチ

アンソニー・ロビンズの「成功法則」

人生に奇跡を起こす12のステップ

アンソニー・ロビンズ 著／クリス岡崎 訳

毎日の習慣をほんのわずか変えるだけで人生は劇的に変化する！ 世界No. 1カリスマ・コーチが教える「最高の人生」を送るための見方・考え方。

定価 本体一、六〇〇円（税別）